JN439196

마음의 울림

박종철 수필집

교음사

환경지킴이

금년에는 폭염주의보가 연이어 발령되었다. 111년 만에 40도 이상의 고온이 발생하면서 과거의 기록을 갱신하였다. 열대야는 14일 이상 지속되어 전국이 가마솥 같은 열기에 휩싸였다.

우리 집 베란다에서 숨죽이고 있던 열대 장미꽃이 몇 년간 꽃을 피우지 못하더니 금년의 폭염을 환영하면서 세 송이나 아름다운 꽃을 피웠다.

가뭄이 계속되면서 농작물은 메말라버리고 수많은 가축이 폐사되고 온열환자가 48명이나 사망하였다.

세계 산업혁명 이후 세계평균기온이 1도 상승한 것만으로도 기상이변이 속출하고 있다. 탄소를 줄이지 않으면 온실가스의 영향으로 세기말에는 3도 이상 오를 것으로 예상하고 있다. 기후가 조금만 요동쳐도 지구촌에 미치는 영향은 상상을 초월한다고 한다.

세계는 2015년 파리협정에서 2도 미만으로 억제하기로 약속하였으나 각국의 이해관계에 얽혀 잘 지켜지지 않고 있다. 세계인이 모두 온실가스 줄이기에 동참하지 않으면 인류에게 닥칠 큰 재앙을 막을 방법이 없다고 한다. 우리 모두가 동참하여야만 지구 지키기에 효력을 가져올 수 있을 것이다.

문학도 지구환경에 대하여 관심을 기우려주어야 한다. 가정에서부터 수도, 전기, 도시가스, 쓰레기 줄이기에 동참하여야만 온실가스의 상승을 줄일 수 있을 것이다, 문학이 인류에게 닥쳐오는 위기를 외면하거나 등한시 한다면 작가의 양심은 폭염에 소각되고 말 것이다.

문학은 궁극적으로 자연과 인생탐구에 그 목적이 있는 것이다. 지구환경에 대한 사려와 의견을 제시하여 문학의 본성을 살려나가야 할 것이다.

작가는 양심의 소리에 귀를 기우려야 하고 환경 지키기에 동참하고 실상을 절감하여 문학의 실체가 휴머니즘의 본성에 도달할 수 있도록 하여야 할 것이다. 수필은 환경보호의 현수막이 되고 주장이 되고 지구환경의 효력발생을 위하여 가정에서부터 실천하고 재촉하는 촉진제가 되어야 할 것이다.

2018년 10월

저자 박종철

박종철 수필집

마음의 울림

- 책 머리에
- 차 례

1. 별 헤는 밤

청둥오리의 비상 _ 16

곽공의 탁란 _ 22

토룡 구출작전 _ 25

백만 불의 미소 _ 30

웃음꽃 피우기 _ 35

괘종시계 _ 39

만년필 사랑 _ 43

화장실 동기생 _ 48

소나무 숲을 걸으며 _ 54

별의 고향을 만나다 _ 58

2. 천사의 헌신

에델바이스의 천사 _ 66
황소의 분노 _ 70
문학의 곳간 _ 77
영산홍 필 무렵 _ 82
꿀사과 장수 _ 87
곤충밥상 _ 92
닭의장풀 _ 97
동궁시대 _ 101
난시의 변 _ 106
속초 아바이 마을 _ 110

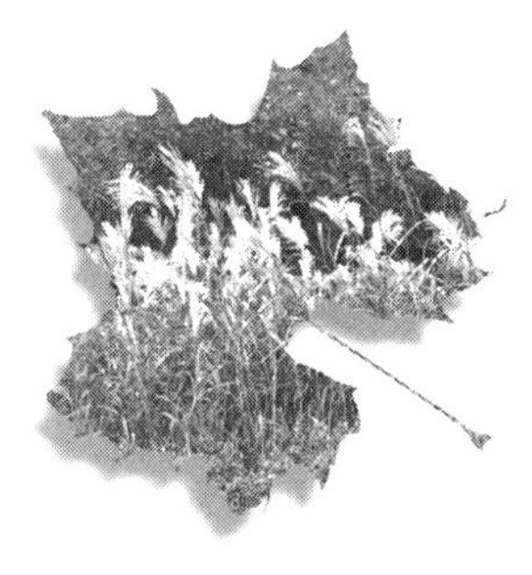

3. 마음의 흐름

가자미처럼 _ 116

장미 한 송이 _ 122

섬나라의 광기 _ 126

신라 천 년의 숨결 _ 131

목련화 지다 _ 136

문학과 아토피 _ 141

비닐봉지의 가벼움 _ 146

왕잠자리 _ 151

축구공은 둥글다 _ 156

다인종 다문화시대 _ 161

동일 장칼국수 _ 166

4. 폭염 주의보 발령

긴기니아 _ 172

괴질병 환자의 착각 _ 175

진달래의 꿈 _ 181

동해, 생명의 바다 _ 185

말의 씨알을 살리자 _ 189

수필작가의 시대정신 _ 193

빼어난 언어예술 _ 198

답 장 _ 202

망나니들의 막춤 _ 206

고구마 사연 _ 212

온실가스의 재앙 _ 216

1부

별 헤는 밤

청둥오리의 비상 _
곽공의 탁란 _
토룡 구출작전 _
백만불의 미소 _
웃음꽃 피우기 _
괘종시계 _
만년필 사랑 _
화장실 동기생 _
소나무 숲을 걸으며 _
별의 고향을 만나다 _

청둥오리의 비상

해람저수지는 생명을 길러내는 작은 연못이다.

별똥별이 파 놓은 듯 작은 연못에는 수초와 물고기, 오리들이 노닐고 연못 주위 의자에는 젊은 대학생들이 한가롭게 얘기꽃을 피우는 휴식처이기도 하다.

연못의 오리가족과 해후하게 된 것은 어느 초여름 날이었다. 욕심쟁이 암컷이 새끼 6마리를, 암컷 순둥이가 새끼 7마리를 거느리며 어린새끼들을 돌보고 있었다. 그런데 욕심쟁이가 심술스럽게 순둥이를 계속 공격하면서 그의 새끼들을 자기 쪽으로 몰고 있었다. 경쟁이 심하다보니 신경이 날카로워진 것이 아닌가하고 생각하였다. 아무튼 작은 연못에서 두 가족이 새끼 여러 마리를 기르고 있는 것이 신기하고 대견스러웠다.

한 달 후 쯤 연못으로 나갔더니 들고양이의 공격으로 오리새끼 다섯 마리가 희생되었고 여덟 마리만 남았다. 욕심쟁이 암컷은 나머지 8마리를 몽땅 자기가 거느리며 암컷 순둥이의 접근을 막고 있었다. 순둥이는 욕심쟁이의 눈치를 살피며 떠돌이처럼 가족의 주위를 맴돌기만 하여 딱하게 보였다. 수컷 두 마리는 욕심쟁이암컷 행동거지에는 무관심한 듯 호위병처럼 주위를 맴돌다가 사람이 접근하면 큰소리로 꽥! 꽥! 거리며 신호를 보내고 있었다.

사람이 물가에 얼씬거리면 물고기와 오리가 낌새를 채고 몰려들었다. 새우깡을 던져주면 잉어들이 먼저 달려들어 먹이를 채기 때문에 어린 오리들은 헛수고만 할 뿐이라 안타까웠다.

7월 중순이 지나자 소년 오리로 성장한 새끼오리들은 헤엄치는 속도도 빨라졌고 활기차 보였다. 한 달이 지났을까 가족 주위를 맴돌기만 하던 암컷순둥이가 보이지 않는다. 새끼를 빼앗긴 분을 참지 못하여 멀리 떠나간 것일까.

그 동안 새끼들은 청년처럼 훌쩍 자라서 거의 어미만큼이나 성장해 있었다. 새우깡을 던져주자 새끼들이 어미를 제치고 재빠르게 먹이를 낚아챈다. 잉어들은 입장이 바뀌어 오리들에게 먹이를 모두 빼앗기고 물밑에서 몸을 뒤채며 오락가락할 뿐이다.

9월 초 해람저수지로 나갔다. 그간 사라졌던 암컷순둥이가 마침 갓 태어난 새끼 두 마리를 어르며 쥐똥나무 그늘로 인도하고 있었다. 앞선 새끼는 뒤뚱거리며 쓰러졌다가 다시 일어나서 어미를 간신히 따르는데 뒤쳐진 새끼 한 마리는 힘에 부쳐 쓰러졌다가 일서서지도 못하고 한참을 버둥거리다가 겨우 일어서기를 반복하고 있었다. 애가 타는 어미는 목을 길게 빼고 부리로 새끼를 유도하며 낮은 소리로 새끼를 독촉하고 있었다. 평소에는 사람이 접근하면 재빨리 물에 뛰어들곤 하였는데 사람이 바로 옆에서 지켜보고 있는데도 위험을 무릅쓰고 새끼의 안전을 위해 혼신을 다하고 있는 모습이 어찌 그리도 사람의 모성과 흡사한지 마음이 찡하게 울렸다.

생명의 존귀함, 어미의 자식사랑은 모든 생명체에 적용되는 한결같은 애정이요 신의 은총이리라. 가까스로 쥐똥나무 그늘로 인도한 어미는 새끼들을 품으며 주위를 경계하면서 긴장을 풀지 못하고 있다. 순둥이는 욕심쟁이에게 새끼를 빼앗긴 한을 풀기위해 수컷과 다시 교접하고 연못 인근에서 알을 품고 부화시켜 보란 듯 연못으로 돌아온 것이다. 한갓 날짐승도 새끼에 대한 애착이 저토록 진할 진데 하물며 사람의 자식사랑은 오죽하랴만….

태풍 '볼라벤'이 물귀신처럼 쳐들어왔다. 태풍을 피하기 위해 뭍에서의 머무름이 길어지면 들고양이의 공격을 받을 확률이 그만큼 높아질 터인데. 먹이는 어떻게 구하려는지 은근히 걱정이 되었다. 태풍이 물러나고 하늘이 푸르름을 다시 찾자 연못으로 나갔다. 그들은 건재하고 있었다. 늦둥이 두 마리는 어미 뒤를 졸졸 따르며 물살을 가른다. 욕심쟁이 암컷이 여전히 순둥이와 새끼의 접근을 허용하지 않아 외곽으로 빙빙 돌고 있었다. 먹이를 던져주었더니 형들이 재빨리 먹이를 싹쓸이하는 것이다. 늦둥이들의 접근을 아예 차단해 버린다. 안타까워서 먹이를 늦둥이 쪽으로 던져주어도 형들이 모두 낚아채 버린다.

가을에 접어들자 꼬마 오리들은 형들과 구분할 수 없을 정도로 훌쩍 자라 있었다. 어미 순둥이의 뒤를 따라다니는 것을 보고서야 늦둥이들이라는 걸 알 수 있었다. 오리 가족들은 모두 14마리로 먹이를 다투고 있었다. 어느 날 늦둥이 쪽으로 먹이를 던져주었더니 형들보다 더 날렵하게 먹이를 채는 것이다. 그러나 따돌림은 여전하였다.

햇빛이 빛나고 연못이 거울처럼 맑은 날에는 오리들은 활기차게, 자주 꽥! 꽥! 소리를 지르며 유쾌하게 물살을 가르기도 하고 깃털을 손질하기도 한다.

스산한 가을이 연못에 찾아왔다. 주위의 나무들이 노랑, 황색으로 옷을 갈아입었다. 오리가족들은 여전히 일상에 묻혀 행복해 보였다.

겨울이 깊어지자 연못이 얼기 시작한다. 연못이 몽땅 얼어버리면 오리들은 어디로 갈 것인가. 연못은 유리판처럼 매끄럽고 숨구멍처럼 손바닥만큼 남았다. 그사이 오리새끼들은 암수로 뚜렷하게 구분이 되어 그 중 세 마리가 어엿한 수컷으로 몸단장을 하여 아비 수컷과 구별이 되지 않는다. 수컷의 머리는 녹색과 흑색으로 광택이 나고 목에는 하얀 테를 둘러 아름답게 치장을 하고 보란 듯 품위도 갖추어 늠름하다.

12월 말경, 겨울이 깊어질 무렵이다. 오리가족들은 'K'대학교 구내의 유리알 외눈박이 같은 저수지에서 겨울을 잘 견디고 있었다. 또한 이들은 학교에서 제공해주는 잔반으로 겨울을 나고 있었다. 텃새가 된 이들은 고향으로 돌아갈 꿈은 아예 접은 것일까. 다른 세상이 두렵고 용기가 나지 않아서 망설이고 있는 것일까. 어미들이 넓은 세상으로 이끌 수도 있을 터인데.

봄이 노란 개나리를 앞세우며 찾아왔다. 해람저수지는 텅 비어 있어 썰렁하기까지 하다.

어느 날, 청둥오리 새끼들은 저수지를 박차고 뛰어올라 미지의 세계를 향해 힘차게 날갯짓을 펼쳤을 것이다. 혹시나 하고 인기척을 냈더니 어미오리 두 쌍이 요트처럼 가볍게 물살을 가르며 다가온다. 새끼들을 모두 떠나보내고 어미 두 쌍 만이 한가롭게 연못을 지키고 있었다. 이들 부부는 긴장과 수고로웠던 양육일기를 모두 접어버리고 모처럼 홀가분하게 자유를 누리고 있는 것 같다. 앞으로 또 다가올 새로운 삶의 재도약을 위하여 힘을 추스르고 있는 것 같기도 하고.

새끼들은 멀고 먼 모태의 고향으로 돌아간 것일까. 아니면 텃새가 되어 다른 지역으로 날아가 자리를 잡은 것일까. 궁금하다.

생명의 탄생과 번식은 삶의 약동이요 축복이다. 청둥오리들은 하늘이 내려준 생명체로서 살아있음의 소명을 계속 이어갈 것이며 다음에 태어날 새끼들에게도 창공을 훨훨 나는 '비상'이란 금빛 날개를 또 달아줄 것이다.

곽공의 탁란

여름 날, 아침을 열어주는 우렁찬 노래 소리가 숲을 흔들고 마을을 깨운다. 곽공은 연미복을 입은 듯 말쑥한 몸매에 성악가의 용모를 두루 갖춘 여름철새다. 곽공은 높은 나뭇가지에서 종일 청아한 목소리로 노래를 부르고 있어 마치 천상의 목소리 같기도 하고 기도원에서 울려 퍼지는 맑은 종소리 같기도 하다. 그는 짝을 찾기 위해 이른 아침부터 해질녘까지 한결같은 음정으로 구애의 노래를 부른다. 뻐국~뻐뻐꾹~그 노랫가락이 하도 절절하여 사람의 마음마저 애절하게 적셔 놓는다.

구애의 시기가 끝나면 각공의 청량하던 목소리는 사라져 버리고 도둑고양이 같은 앙칼진 가락으로 변해 버린다. 개개비 둥지부근에서 호시탐탐기회를 엿보다가 개개비가 알을 낳고 둥지를 떠나면 재빨리 둥지에다 비슷한 알을 낳고 바람같이 사라져 버린다.

개개비 집 부근을 맴돌던 어미 곽공이 먼저 깨어난 자기새끼에게 꺾꺼꿍! 꺾꺼꿍! 하며 절박한 소리로 행동개시의 신호를 보낸다. 눈도 채 뜨지 못한 벌거숭이 새끼는 어미의 독려에 힘을 얻어 개개비의 알이나 새끼를 등으로 밀어 올려 둥지 밖으로 모두 팽개쳐 버린다. 남의 새끼를 죽음으로 몰고 가는 비정한 짓거리를 보게 되면 저것도 생명의 새끼인가 싶어 섬뜩함마저 든다.

어미 곽공은 새끼가 자라는 동안 개개비둥지 주위를 맴돌며 자애로운 목소리로 연신 까꿍~까까꿍~하면서 새끼가 무럭무럭 자라도록 얼러준다.

가짜어미 개개비는 곽공의 새끼가 자기몸집보다 더 자라 둥지에 차고 넘치는데도 제 새끼인양 부지런히 먹이를 물고와 남의 새끼를 성심껏 키워내는 멍텅구리 새다.

겉과 속이 다른 동물이 어디 곽공뿐이랴. 사람이나 생명체들은 모두 먹이사슬에 얽혀 비정한 생존방식을 나름대로 연출하고 있는 것이다. 하늘이 내려준 자연의 섭리대로 말이다.

허나 도둑의 배포와 날카로운 살의를 아름다운 노랫가락에 실어 사람의 애간장마저 녹이고 있는 곽공의 파렴치한 위장전술도 생존법칙의 잣대에서 벗어나지 못하고 있으니 세상의 이치는 참으로 묘하고 아이러니컬하기만 하다.

뻐꾹~뻐뻐꾹! 곽공의 청량한 노랫소리가 내년에도 다시 찾아와 푸른 숲과 마을을 흔들어 깨울 것이다.

토룡 구출작전

토룡구출작전은 좀스러운 구제작업이다.

사람이나 동물을 위기에서 구하는 작전이 아니라 한갓 버러지에 불과한 징그럽고 볼품없는 토룡이를 구하는 가벼운 손놀림이다.

우리 마을에는 솔올튤립공원이 있다. 어린이놀이터, 각종 운동시설과 육상트랙처럼 타원형의 보도가 공원을 두르고 있다. 저녁 무렵이면 이 공원은 어른들과 아이들의 세상이 된다. 보도에는 걷기운동을 하는 어른들과 그 사이를 곡예 하듯 파고드는 어린이들의 자전거달리기가 어우러진다.

작년만 해도 토룡이가 드문드문 보이더니 금년 들어서는 토룡의 수가 부쩍 늘어났다. 원통형 암적갈색 토룡이 젓가락처럼 기다란 몸을 굼뜨게 움직이고 있다. 몸통의 앞부분을 길게 늘이면서 뒤의 몸체를 당기는 식으로 앞으로 기어가고 있는 것이다. 그 움직임이 느려 터져서 마치 태평한 세상을 한가롭게 거닐고 있는 모습이다.

하늘이 잔뜩 찌푸리고 구물거리면 토룡이가 땅속에서 보도로 기어 나온다. 마치 쥐들이 지진을 감지하여 탈출을 시도하듯이.

사람들은 토룡들이 많이 기어 나오면 비가 올 조짐이라고 말한다. 이놈들은 풀숲을 나와 보도 건너편으로 이동하기 위해 느린 걸음으로 길을 가로지르고 있다. 캄캄한 땅 굴속에 갇혀 살다가 모처럼 밝고 아름다운 세상을 여유롭게 구경하려는 듯이.

그러나 이놈들의 수난은 보도로 나서자마자 시작되는 것이다. 어린이들의 자전거 바퀴에 치이거나 무심한 사람들의 발길에 밟혀서 동강이 나고 처참하게 시체로 변하는 것이다. 어떤 토막에는 개미떼들이 새까맣게 달려들었고 토막 난 몸통들은 밟히고 짓이겨져서 처절하게 나뒹굴고 있다. 비명조차 지르지 못하고 간이들의 고통이 얼마나 컸을까.

우리 가족에게는 꿈틀거리며 기어가고 있는 놈이나 이미 죽어서 나뒹구는 놈 모두가 신경이 쓰이고 애처로워서 발길을 제대로 놓을 수 없게 된다. 해서 토룡이 구출작전을 시작한 것이다. 나뭇가지로 움직이는 놈의 몸체 중간을 떠서 냅다 풀숲으로 던진다. 하지만 원통형의 토룡이는 자꾸만 미끄러져 내려서 제대로 던져지지가 않는다. 여러 번 시도해야만 성공할 수 있는 것인데 하루에 대충 5~6마리를 구해주게 된다.

보도를 따라 돌면서 연신 산 놈과 죽은 놈을 치우며 걷게 된다. 토룡이가 여기저기 널브러져 있는데도 아이 어른 할 것 없이 어느 한 사람 관심을 가져주지 않는다. 토룡이가 하찮은 벌레에 불과하지만 사람들이 작은 생명체에 대하여 그토록 무관심할 수 있다는 것이 잘 믿겨지지 않는다. 세상 사람들이 추구하고 있는 지혜와 자비란 메시지도 벽에 휘갈겨 놓은 낙서에 불과한 것일까.

토룡은 캄캄한 땅속에 숨어 살면서도 밝은 세상으로의 탈출을 꿈꾸었을 것이다. 뱀처럼 아름다운 세상을 유연하게 산책하고도 싶었을 것이다. 그러나 뱀처럼 은밀하게 길 수 있는 단단한 비늘도, 두더지처럼 땅굴을 팔 수 있는 연장도 갖추지 못한 채 알몸으로 땅속을 헤집어야 하는 기구한 운명을 타고난 놈이다.

토룡이가 바깥세상에 위험이 도사리고 있는지도 모른 채 기이한 자연풍경에 눈이 휘둥그레지면서 천방지축으로 기어가는 토룡의 모습이 웃음을 자아내게 한다. 태평스럽게 기어가는 놈의 몸체 중간에 꼬챙이를 들이대면 화들짝 놀라서 몸부림치며 갈팡질팡 하는 걸 보면 모든 생명체가 생명보존의식을 두루 갖추고 있다는 것을 실감하게 된다.

토룡은 암수가 한 몸으로 이루어져 있고 생식을 할 때에는 두 마리가 서로 상대방의 정낭 속에 정자를 방출하여 수정이 이루어지게 된다. 또 흙속에 공기가 잘 통하고 수분 흡수가 잘되도록 흙을 일구어주고 있어 식물이 잘 자라게 된다. 배설물에는 칼슘과 영양소가 들어 있어 기름진 땅이 된다고 한다. 또 낚시의 미끼로, 물고기, 새, 두더지의 먹이사슬 유지에 기여하기도 하며 약재나 양어용 사료에 쓰이기도 하여 이로운 동물에 속한다.

세상의 생명체는 모두 탄생의 의미를 지니고 태어난다고 한다. 어느 생물 하나 소중하지 않은 것이 없다. 그 나름의 역할이 다 있기 때문이다. 토룡도 분명 조물주의 창조의도에 의해서 태어난 동물이다. 그래서 모든 생명체의 존재이유는 비슷하다는 생각이다.

먹이사슬의 최상위에 있는 사람들은 흔히 삶의 가치를 존중하고 따지며 지키려고 노력하고 있다. 따라서 생명의 귀함을 사랑으로 설파하기도 한다. 그러면서 발밑에서 기어가는 벌레쯤이야, 작은 생명체에 대한 경시와 냉혈적 무관심이 토룡을 처참한 죽음으로까지 몰고 가는 것이다.

우주선에서 내려다보면 하늘 높을 줄 모르고 치솟는 지구촌의 화려한 문명도 한갓 바벨탑의 허상에 불과할 것이며 존귀한 인간의 생명체도 티끌에 비유될지도 모른다는 생각에 머물게 된다.

'지렁이'를 굳이 토룡(土龍)이라고 부르는 것은 사람들의 발길에 무수히 짓밟히는 미물에 불과하지만 '땅속의 용'이란 뜻으로 한 단계 격상 시켰더니 내 마음도 한결 흡족해지는 것이다.

'지렁이도 밟으면 꿈틀 한다'는 말이 있다. 아무리 보잘 것 없고 무기력하지만 밟히면 저항한다는 뜻으로 약자를 변호하는 말이다.

생명존중과 자연사랑 운동은 계속 펼쳐 나가야 할 것이다.

약자에 대한 배려와 사랑은 인간에게 주어진 최상의 가치이자 선이기도하다.

백만 불의 미소

웃음은 생활의 활력소이다.

삶의 묘약 같은 웃음이 있어 눈길을 끈다. 함박꽃 같이 활짝 열린 웃음도 아니요 장미꽃 같은 화려한 웃음도 아니다. 질고를 승화시킨 연꽃 같은 웃음이랄까. 그래, 바로 그 연꽃 웃음이야. 질박하고 예스러운 웃음, 예술무대에 바치는 헌시 같은 웃음이다.

어느 사진작간들 이 예술인의 소녀 같은 신선한 웃음을 쉬이 포착할 수 있을까. 구순의 흰머리, 단정하게 빗어 내린 머리카락 끝은 약간 물결치면서 위로 휘어지고 꼭 감은 눈자위엔 세월의 잔주름이 순하게 그려지고, 가지런한 하얀 이와 하트모양으로 열린 입 가장자리에 맺혀있는 삶의 흔적. 예술의 혼으로 다져진 표상, 희대의 걸작 품이자 명화다.

웃음이 참 신기하고 매력적이다. 나는 웃음에 반하여 2015년 5월 9일자 조선일보에서 스크랩해 두고 가끔 들여다본다. 웃음에 인색한 나도 볼 때마다 웃음이 절로 터진다. 마음이 열리고 뒷맛이 개운해서 좋다. 주인공을 조명해 봄으로서 웃음의 진가를 알 수 있을 것 같아 일간신문의 기사를 인용해 본다.

주인공인 이 예술가는 1948년 여인소극장에 참여하면서 무대에 첫 발을 디뎠다. 1966년 프랑스유학을 마치고 의상디자이너로 일하다가 연출가 김정옥을 만나 무대장치예술에 불이 붙기 시작하였다. 지문이 지워질 정도로 무대장치에 헌신하였던 것이다. 기자가 물었다. "연극의 어떤 점에 끌렸나요?" "껌껌하고 텅 빈 무대에 올라가면 아, 이게 내 세상인데, 이게 내 건데 싶거든, 아무것도 없는 무대가 가장 연극적이야." "남들보다 주목받고 싶었을 터인데?" "빛은 딴 놈이 다 보는데 어떻게 지내냐고 나도 매일 자문자답해요. 일에 미쳐서 일할 수 있는 나를 내가 알잖아…. 그런 생각으로 엎드려 살다보니까 그 세월이 다 갔지."

"뒤에서 어떻게 버티셨나요?" "미친것처럼 일하면 아픈 걸 모르거든요. 속상하고 말 못할 때에는 일을 하고 있으면 시간이가. 아무리 힘들고 슬퍼도 온 머리와 온 마음으로 필사적으로 덤비면 돼, 에라, 지성이면 감천이지, 내가 언제는 자신 있어서 일했나, 그 마음만 있으면 이 세상에 못할 일이 없어."

이 예술가와 남편과의 첫 만남이 무대배우들처럼 극적이다. 권화백과 처음 만난 자리에서 느닷없는 화가의 청혼에, 무작정 결혼하자는 억지에 이 예술가가 퇴자를 놓자 말이 끝나기가 무섭게 손이 날아왔다. "끝이야!" 외치며 도망갔던 여인이 그 다음 날 언제 그랬느냐는 듯 화가와 화해하고 결혼하였다고 한다. 서양화가와 무대장치예술가의 희극적인 만남이었다. 두 부부는 유일한 대한민국예술원 회원이기도 하였다.

이 예술가는 1991년 한국인 최초로 프라하 세계무대미술경연대회에서 무대의상상을 수상하였다. 시상식 때 아무도 한국을 몰라보는 것 같아 오기로 검은 한복을 입었다고 한다.

'그 누구도 따라올 수 없는 독특한 미감의 예술가, 미술과 도구를 예술의 지위로 끌어올린 개척자, 살아있는 연극사'라고 극찬받았다. 시상식에서는 기립박수를 받으며 최고의 찬사를 누렸다. 그리고 예술가는 이렇게 술회하기도 하였다. "내 사주에 쥐가 셋이래, 쥐가 환한데 돌아다니는 거 봤어요? 껌껌한데서 후다닥 댕기지, 늘 그늘에서, 뒷전에서 남들 안 보이게 살았지. 집에서는 아버지 뒤에서, 남편 뒤에서, 그리고 무대 뒤에서…." 무대 뒤에서 보낸 세월이 50년, 스스로를 '뒷광대'라고 부른다.

"건강비결은?" "좋다, 쓸쓸하다, 화난다, 오만가지 감정을 고루 다 가져야해요. 속상하고 즐겁고, 약 오르고, 슬픈 감정을 마음껏 가져야해요. 그리고 쉴 새 없이 움직여요. 그러면 전체적인 생리 순환이 잘 돌아가지, 그게 보약이라고."

이 예술가는 2013년 최대 규모의 전시회를 열었다. 대학로 아르코미술관에서 열린 '3막 3장'전이다. 천착한 주제도 모성과 죽음이다. 이 예술가의 무대의상은 가장 한국적인 소재로 전통을 살렸으되 가장 단순하고 꾸밈없는 표현으로 모던하다는 평을 받는다고 하였다. 구순의 예술가로서 말이다.

그의 소망을 얘기하였다. "난 판소리만 가지고 연극하고 싶어. 그게 한국적인 뮤지컬이지. 한옥에 둘러싸인 연못에서 판소리연극, 그것까진 만들어 놓고 죽어야 하는데." 세월이 다시 찾아준 구순 예술가의 천진함으로 새로운 막은 이제 막 시작이라고. 멈출 줄 모르는 도전의식에 존경과 찬사를 보낼 수밖에.

예술가는 2015년 4월 20일, 조선일보사 미술관에서 제25회 이해랑연극상 특별상을 수상한 이병복 예술가다. 작고하신 그 분의 남편은 권옥연 서양화가다.

수상소감으로는 “정말 송구스럽고 되게 힘들었어요. 한눈 한 번 팔 여유 없이 발등에 불이 떨어지니까 북치고 나팔 불었는데, 그러다보니까 제 몫의 시간이 가고 말았네요.” 여유 있고 겸손한 수상소감에 귀 기울여본다.

혼신의 창의력으로 살아온 훌륭한 예술가의 생애를 통하여 자신을 거울에 비춰본다. 나름대로 성실하게 산 인생이라고, 잡초처럼 밟혀도 솟아나고 또 솟아나며 살아온 세월이라고, 손바닥에 고독, 열정, 체념 같은 단어를 수없이 쓰고 지우면서 문학의 기초를 쌓기 위해 애써 왔다고, 실망과 자위를 반복해 오면서 포기하지 않았다고 에둘러 변명 아닌 변명을 하면서도. 구순예술가의 질경이 같은 웃음 앞에서 고개를 수그릴 수밖에는.

무대 뒤의 수난사를 고스란히 용해시킨 투철한 장인의 모습과도 같은, 여학생 같은 싱그러운 웃음, 보는 이로 하여금 저절로 웃음 문을 열게 하는 백전노장의 질박한 웃음이다. 아카시아 밀원 같은 향기와 미소는 두고두고 나에게 기쁨을 나누어 줄 것이다.

순혈로 빚은 예술의생명력, 예술가의 성공스토리는 한 편의 드라마틱한 연출이자 심혼의 절창이기도 하다.

웃음꽃 피우기

잘 웃는 사람을 보면 부럽다. 꽃을 본 것처럼 따라서 웃게 된다. 목석같이 굳은 나의 표정에서 웃음을 띠운 다는 것은 보름달을 보는 것처럼 드문 일이다. 스스로 웃음을 만들지 못하고 남의 웃음에 더부살이 하며 살고 있다고 하여도 지나친 말이 아닐 것 같다.

두꺼비처럼 꾹 다문 입에서 웃음을 피우기란 여간 힘든 게 아니다. 젊은 시절에는 거울 앞에서 웃는 연습을 열심히 해 보았지만 끝내 웃음을 달지 못하고 말았다.

중년의 직장생활에서도 연초에는 책상머리에 '웃음'이란 표어를 세워놓고 마음을 다지면서 하루 일과를 시작하였다. 체험담이지만 업무적인 어려운 문제도 서로 웃음을 주고받다보면 풀지 못하던 매듭도 쉽게 풀릴 수 있었다.

웃는 얼굴에 침 못 뱉는다는 말이 있다. 웃음은 생활의 활력소이다. 천사와 같은 아기의 미소, 청소년들의 수다스럽고 활짝 핀 웃음, 중년의 자신감 넘치는 호탕한 웃음, 노년의 잔잔한 반웃음, 마음을 닫아버린 황혼기의 쓸쓸한 웃음도 마음을 다스려주는 묘약이다.

웃음은 전이되어 행복이란 리듬을 타게 해 준다. 웃음은 웅변에 버금가는 설득력을 지니고 있어 긍적적 사고를 끌어낼 수 있다. 웃음은 사람의 마음을 부드럽게 녹여주고 마음 문을 열게 하여 소통의 길을 터준다.

이웃과의 사이에 웃음이 사라지면 침묵이 쌓이게 되고 오해와 불화의 싹이 트기 쉽다. 집안에서 웃음이 사라지면 가족 간의 사랑과 온기가 식어버리고 사회에 웃음이 숨어버리면 갈등과 불신이 번지게 되어 사회발전의 동력을 잃게 된다.

웃음에는 양면성이 있다. 기쁨을 주는 웃음도 있지만 불행을 가져다주는 웃음도 있다. 겉으로는 순한 양처럼 웃음을 흘리면서 속으로는 이리와 같이 날카로운 이빨과 발톱을 세워 공격할 기회만

노리는 음흉한 웃음도 있다. 간신의 교활한 웃음이 정치판을 뒤엎고 역사를 파괴하는 끔찍한 사건도 우리는 보아왔다.

웃음은 슬픔을 달래주면서 따뜻한 햇볕처럼 치유의 기능을 가지고 있다. 어쩌다 값진 웃음을 만날 때도 있다. 자신의 아픔을 내색하지 않고 속으로 울음을 삼키며 남의 고통을 어루만져주고 용기를 주는 사람도 있다. 이런 사람은 인생의 어느 경지에 도달한 구도자일 것이며 자신의 아픔을 웃음으로 승화시키는 예술가이기도 하다.

해마다 신년 초가 되면 다짐하는 것이 있다. 식물인간이 되지 않기 위해 자신과의 약속을 다지는 것이다. 인권보호 결의문 보다 더 비장한 각오로 금년에는 꼭 웃음꽃을 피우며 살자는 결심이다.

그런데 정직하게 자신을 되돌아보면 나는 선천성 웃음장애인 같다. 마음 밭에 꽃씨를 뿌릴 수 없는데 웃음을 얻을 수 있을까. 웃음에 그리도 인색하여 여태 웃음을 띠운 사진 한 장을 소장하지 못하고 있으니. 아마도 우수에 갇혔던 성장환경과 생뚱맞은 사유와 사회를 바라보는 삐딱한 시각과 흔들리는 사상이 웃음을 빼앗아가지 않았을까.

고민 끝에 생각해 낸 것이 생 웃음 대신 유머 수필을 쓰자는 것이다. 유머수필을 쓰자고 여러 해 전부터 작심해 보았지만 단한 편의 유머수필도 완성하지 못하고 있다. 스스로 입가에 웃음을 그리지 못하면서 어찌 보석 같은 유머수필이 탄생할 수 있을까.

유머와 해학이 춤추는 수필, 인터넷시대에 젊은이들의 입맛과 시선을 끌 수 있는 글이 유머수필이다. 유머는 고단한 생활에 생기를 공급해주는 묘수가 숨어있다. 가벼움 속에 진실과 삶의 지혜가 번득이고 비평정신이 깃들 수 있다.

다른 수필작가들에게도 유머수필의 창작을 권유하고 싶다. 글 속에 웃음꽃을 많이 피워 마음이 가난한 이들에게 온기를 지펴주고 생존의 기쁨을 나누어 주었으면 한다.

웃음이 담긴 사진 한 장을 꼭 갖고 싶다. 비록 꿈밖의 꿈이 될지라도.

괘종시계

우리 집 괘종시계는 키가 크고 정장을 한 말쑥한 차림새다. 머리는 아름다운 꽃모양으로 장식하였고 머리뒤통수로 대못에 온몸을 의지하여 살면서도 얼굴 한 번 찡그리지 않고 늘 밝은 표정이다.

황금색 동그란 바탕에 검은 아라비아 숫자가 선명하고 분, 시침이 보이지 않게 움직이고 있다. 몸 중간에는 원추형의 긴 추가 세 개나 늘어져 있고 그 안으로 긴 줄에 송아지 불알 같은 동그란 추가 쉼 없이 좌우로 왔다 갔다 하고 있다.

괘종시계가 우리 집으로 찾아온 동기를 요약해보면, 서울지하철 성북역 북쪽에 위치한 성신양회의 분공장이 있었다. 화물열차가

운반해온 벌크(시멘트가루)를 저장고에 저장하였다가 벌크운반차량으로 레미콘공장 등에 공급해준다. 또 포장을 하여 수도권지역 여러 대리점으로 실려 나간다. 이 공장은 수도권의 수요를 충족시켜주기 위해 세운 것이라 회사로서는 중요한 위치의 공장이었다.

벌크차량은 회사가 매입하고 운전기사를 채용하여 직영체제로 운영하고 있었다. 운전기사 중에 퇴직자가 생기거나 노후차량이 발생하면 일반인에게 매각하였다. 매각과정에서 웃돈을 받는 등 잡음이 발생하여 매각업무를 본사에서 하라는 사장의 지시에 따라 총무부서가 맡게 되었다.

종전까지만 하여도 일반인들에게 모두 매각하고 있었는데 퇴직사원들의 요청이 들어왔다. 자기들이 매입하여 종전과 같이 운반 업무를 담당하겠다는 의사였다. 결재를 받아 퇴직사원에게 매입우선권을 주도록 하여 퇴직자 모두가 자기가 운행하던 차량을 계속 운전하게 되었다. 퇴직사원들은 계속 일을 하게 되어 만세를 불렀다.

괘종시계는 25년 전 퇴직기사들이 다시 일을 하게 해주어 고맙다는 표시로 우리 집에 몰려오면서 벽에 걸어주고 손뼉을 치며 좋아하던 시계다.

이 시계가 25년 동안 한 결 같이 쉬지 않고 제 임무를 수행하고 있는 것이다. 초침소리가 재깍재깍하고 울리면 분침과 시침은 노예처럼 따라서 움직인다. 단 몇 년간이라도 고장이 나서 멈추어 섰다면 우리들의 세월도 그만큼 더디 가지 않았을까.

조용한 집안에서 베란다의 어여쁜 꽃들도 소리 소문 없이 피고 지지만 시계의 초침소리는 자신의 생존을 끊임없이 암시하고 있는 것이다. 너희는 과연 나의 초침소리를 귀 밖으로 흘러 버리고 있는 것은 아닐까. 초침소리에 가만히 귀를 기울려보면 분명 우리에게 전하는 절박한 외침이 있는 것이다.

전에는 재깍재깍하는 초침의 소리를 거의 들을 수가 없었다. 요즈음 들어 더 선명하게 귀를 울린다. 그 소리를 들으며 남은 시간을 대충 계산해본다. 불안하고 혼란스러워진다. 정리도 잘되지 않는다.

조용히 움직이고 있는 아내의 모습에서 세월의 흔적을 읽을 수 있다. 슬픈 일이다. 눈물이 가슴을 타고 흐른다.

재깍재깍 새소리처럼 울리며 시간을 끌고 가는 괘종시계는 우리가족에게 무엇을 말하고 있는 것일까.

귀를 막을 수도 없고 괘종시계를 내칠 수도 없고 시계는 시간을 끌고 갈 따름이다. 시계를 선물한 이들도 노년의 줄에 서서 서성이고 있는 것은 아닐까.

생사는 알면서도 모르는 일일 수밖에 없는 노릇이다. 우주의 세계를 모르듯이 세상의 끝 날을 아무도 예측할 수 없으니까. 시계는 여전히 재깍재깍 소리를 내며 우리를 어디론가 데려가고 있는 것이다.

만년필 사랑

책상위의 필통에는 만년필 세 자루가 나란히 누워있다. 해산 후의 산모처럼 몸을 풀고 누운 지가 좋이 몇 년이나 흐른 것 같다.

매끈한 살결에 자개무늬처럼 고운 파카만년필은 사십대의 여인처럼 소담하고 농익은 자태다. 중간에 끼어있는 워터맨은 동해의 물빛을 닮아 짙푸르고 몸매마저 훤칠하여 오십대의 중후한 멋을 자랑하고 있다. 위쪽을 차지하고 있는 은색 파일럿은 검버섯이 핀 노인처럼 생기를 잃고 다리를 쭉 뻗은 채 기진한 모습이다. 은제 만년필은 때가 잘 타서 가끔 닦아주어야만 제빛을 드러내고 조각되어있는 학도 춤을 추게 된다.

이들은 원고지위에 글자를 새기며 숨 가쁘게 달리던 펜의 열기를 고스란히 간직한 채 마치 유물처럼 고즈넉이 쉬고 있다. 한 시절 나를 위해 봉사해오던 만년필의 수고와 고마움을 잊지 못해 여태껏 눈앞에 두고 시선을 거두지 못하는 것은 그들에 대한 짙은 연민 때문이리라. 작가를 위해 봉사해주는 만년필은 단순한 필기구가 아니라 사유의 동반자요 창작의 충실한 조력자이기도 하다.

60년대 초에 논산훈련소에 입소하게 되었다. 평소에 소설 습작을 하던 파카만년필과 손아귀에 들어오는 작은 수첩을 몸에 지니고 입대했다. 규율이 엄하기로 소문난 훈련소생활에서 수첩과 만년필을 보존하기란 여간 힘든 게 아니었다. 사유물을 일체 인정하지 않는 엄격한 규율에다 점호와 검열 속에서 수첩과 만년필은 숨바꼭질을 거듭하며 긴장의 나날을 보냈다. 두더지작전 덕분에 수첩에다 깨알 같은 글씨로 훈련소생활을 메모할 수 있었다. 또 기성부대에 배치되고 나서도 병영일기쓰기를 함께해 준 고마운 동반자였다.

첫 휴가를 받던 날, 내게 만년필을 선물한 연인에게 파카의 무사귀환을 알리기 위해 청량리에서 신촌행 시내버스에 올랐다. 버스 안은 콩나물시루여서 겨우 비비고 들어갈 수 있었다. 신촌에서 내리자 자랑스럽게 군복에 꽂았던 만년필이 사라졌다. 가슴이 철렁 내려앉았다. 피붙이 같던 만년필을 소매치기당한 것이다. 내 오른팔이 달아난 듯 황당하고 억울하고 마음이 쓰렸다.

수필가 김소운 선생의 「한 자루 만년필」이란 작품에서 '2천원을 주고 산 중급 파일럿 만년필은 충직한 마누라처럼 20년을 하루 같이 나의 시중을 들어주었다. 이 만년필은 여섯 권의 책을 썼고 네 권의 수상집과 사전 한 권도 이 만년필의 신세를 졌으니 이만하면 본전을 빼고도 남은 셈이다.'라고 하였다. 만년필은 글 쓰는 사람에겐 마누라만큼이나 소중한 필기구란 것을 예찬하였다.

나는 지금까지 파카, 몽블랑, 워터맨, 파일럿 등 고급 만년필을 거느리고 있으면서도 겨우 몇 권의 수필집밖에 완성하지 못하였으니 게으름의 그늘에서 벗어나지 못하고 있음일 것이다. 소운 선생께는 입이 열 개라도 할 말을 잊는다.

학생시절에는 양철펜촉을 펜대에 끼워서 도끼눈을 세우는 촉으로 잉크를 찍어서 닭 모이 쪼듯 글씨를 또박또박 힘들게 그려나갔다. 하지만 만년필은 달랐다. 백지 위에 물 흐르듯 유연하게 펼쳐나가는 언어의 생동감은 여름날의 시원한 수박 맛이라고나 할까.

만년필은 오늘도 책상위에서 묵상에 잠겨있다. 지난날의 수고와 영화를 회상하며 주인의 손길에 다시 잡혀 함께 울고 웃을 날을 기다리고 있는 것일까. 고치에서 실을 뽑듯 펜촉에서 술술 묻어나오는 싱싱한 글씨들이 백지위에서 춤추며 노래 부르는 그 시간을 고대하고 있는 것은 아닐런지.

이따금 선배문인들로부터 만년필로 쓴 서신을 받는다. 만년필의 자유로운 필치를 대하면 마치 완행열차를 타고 선배님과 마주앉아 느긋하게 담소를 나누는 듯한 정취를 느끼게 한다.

근년에 와서 만년필에 대한 불편을 느끼게 되었다. 한참 문장을 만들어가다 보면 쉬 잉크가 떨어져서 잉크병에다 대고 펌프질을 자주해야 하는 불편이 따른다. 잉크가 손에 묻기도 하고 또 물기를 만나면 번져서 글자가 지워지기도 하고, 그래서 몇 년 전부터 빅 크리스털 볼펜을 사용하고 있다. 그러나 만년필체의 유려함과 기품에 견줄 바가 되지 못하여 항상 아쉬움이 남는다.

필기구문화가 씨받이한 여러 가지 간편한 필기구 중에서 볼펜이 단연 대중성을 확보하여 인기를 누리고 있지만 요사이 아날로그 시대의 향수 때문인지 만년필의 수요가 늘어난다고 하니 기쁜 소식이 아닐 수 없다.

아직도 만년필은 고급 필기구로서 유명세를 타고 있어 작가들의 동반자로서의 사랑과 지위에는 흔들림이 없는 것 같다. 만년필은 내게 있어 다정한 연인이요 친구이자 회상의 대상이기도 하다.

오늘은 파일럿의 검은 때를 윤이 나도록 닦고 한쪽에 치워두었던 잉크병을 꺼내 만년필에 잉크를 충전한다. 흰색 파카에는 푸른 잉크를, 청색 워터맨에는 검정 잉크를 채운다. 옛 연인의 손을 잡듯 만년필을 가볍게 잡고 천천히 여유롭게 글자를 그려보려고 한다.

내게는 혼기를 놓친 독신 만년필 네 자루가 대기상태에 있다. 한 번도 잉크 맛을 보지 못한 만년필은 제 쓰임이 올 때를 기다리고 있을 것이다. 만년필 시대로 다시 돌아가 문명도 글도 황소처럼 천천히 느린 걸음으로 가는 게 바람직하지 않을까. 그래야만 완숙하고 깊은 사유의 언어들이 제 세상을 만나 인성을 펼치고 자유를 누릴 수 있을 테니까. 작가에게 만년필은 피붙이 같은 분신이요 창작의 열쇠를 쥐고 있는 길잡이기도 하여 눈 위의 발자국처럼 또렷하게 사상의 언어들을 곱게 새겨 갔으면.

문득, 아버지의 젊은 시절 사진 속에서 양복상의 윗주머니에 멋과 부의 상징으로 꽂았던 만년필이 한조각 그리움인양 떠오른다.

화장실 동기생

수도꼭지를 틀면 물이 쏴! 하고 시원한 소리를 내며 쏟아져 속을 씻어내 듯 후련하다. 공중목욕탕에서 소나기 같은 물로 샤워를 하고, 물이 넘치는 욕탕에 몸을 담그고 있으면 태평세월이 물에 녹아드는 듯 마음이 평화로워진다. 장마 때 제방 둑을 넘치며 넘실대고 흘러가는 강물을 바라보면 물 부족이란 말이 실감나지 않는다.

긴 가뭄에 산천초목이 타는 듯이 목말라 해도 수돗물이 끊어진 때가 없으니 걱정도 잠시 뿐 물 걱정과는 거리가 멀어지게 된다. 우리나라도 20년 정도 지나면 물 부족 국가에 들어간다며 앞날을 걱정하고 있다.

언론매체를 통하여 알게 된 상식이지만 세계 곳곳에서 물 부족 때문에 물을 확보하기 위한 분쟁이 끊임없이 일어난다고 한다. 중국의 이리 강, 이집트의 나일 강, 인도의 갠지스 강, 터키의 유프라테스 강, 소말리아 남부 등지에서도 물 때문에 분쟁이 일어나 매년 수백 명이 목숨을 잃는다고 한다.

모든 생물체에는 물이 곧 생명선이다. 생명의 물을 끌어오고 지키기 위해서 각 국이 신경을 곤두세우고 있다. 우리도 물 부족 국가에 해당된다는 예고에 일상생활에서 물에 대한 경각심을 높일 수밖에 없다. 즉 물 아껴 쓰기다. 물 절약이 이루어지면 가정경제나 나라경제에 도움이 되고 낭비에서 절약으로 생활습관을 바꿔갈 수 있게 된다. 물 부족 심각성에 대한 신문보도를 읽고 가정생활을 짚어보게 되었다.

우리도 물 아껴 쓰기에 동참하자며 궁리한 것이 먼저 변기 물을 절약해 보자는 것이다. 가족의 한 사람이 소변을 보았다고 바로 내릴 것이 아니라 앞서 보는 사람이 뒷사람에게 예고를 해주어 뒤에 보는 사람이 한꺼번에 물을 내리자는 제안이다.

좋은 착상이란 생각이 들어 집사람도 흔쾌히 동의했다. 그래서 태어난 용어가 '눌꺼야?' '내리지마'다. 내가 먼저 화장실에 가면서 아내에게 "눌꺼야?"하고 던지면 "내리지마" 아니면 "눌꺼야."로 대답이 온다. 우리 부부는 자기 전에, 한 밤중에, 아침에 눈 뜨고 나서 한 번씩 소변을 보는 습관이 있는데 이럴 때에는 말을 건네지 않아도 나중 사람이 물을 내리게 되어 있어 2회분 물을 1회로 절약할 수 있게 되는 것이다. 밤중의 소변은 깨어있는 상태에 따라 간혹 엇박자가 될 때가 있기도 하지만.

통계에 의하면 하루에 변기 물을 한 번 덜 내려도 12리터를 절약할 수 있고 1년이면 4,380리터 물을 절약할 수 있다고 한다. 변기 물탱크에 모래나 돌을 채운 1,5리터플라스틱 통을 넣어두면 하루 평균 9리터의 물을 아낄 수 있고 1년이면 3,285리터를 절약. 우리나라 인구의 절반만 실천해도 년 600억 원 정도를 절약할 수 있다고 하니 군침이 도는 수치다.

우리나라 물 사용량은 1인당 평균 365리터이고 독일은 132리터라고 하니 물 절약을 생활화 해야만 할 것 같다. 요즈음 여권이 신장되면서 여성상위시대라고 말한다. 남자들이 권세가인양 떵떵거리며 콧대를 세우던 시절은 가고 남자들이 여자의 눈치를 살피며 주눅 들어 사는 세상이 되었다. 남자들이 집안에서 소변을 볼 때 앉는 변기 뚜껑을 내린 채 소변을 보기 때문에 뚜껑 위에 소변 방울이 떨어져 냄새가 나고 불결하다고 한다. 남자에게 뚜껑을 내린 채 여자처럼 앉아서 소변을 보라는 설이 나돈다. 남성의 생리 기능과 장부의 위신이 뭐가 되느냐고 맞서보지만 아내들의 서슬에 남자들은 슬그머니 꼬리를 내리기 마련이다.

나는 아예 젊어서부터 밤중 화장실에는 여자처럼 앉아서 소변을 보는 것이 습관화 되었다. 직장생활을 할 때 만취해서 오는 날이 가끔 있었는데 밤중에 소변을 보려고 하다가 어지럼증이 나서 가까스로 소변을 보고 난 후부터 아예 안전하게 앉아서 보기로 한 것이다. 처음엔 여자처럼 앉아서 보는 것이 사내의 체면이 구겨지는 것 같기도 하여 떨떠름했지만 낙상을 피하기 위해서는 최선의 방법이라는 생각이 들어 아예 습관이 되어 버렸다.

어느 날 친구가 안부전화를 하면서 간밤에 화장실에 갔다가 어지러워서 쓰러졌다고 한다. 한 동안 병원신세를 졌다며 밤중 화장실 사용을 조심하라고 나에게 일러주기에 밤에 소변 볼 때는 앉아서 보는 게 안전하다고 설명하며 권유했더니 대답이 신통치 않았다. 남자가 어찌 여자처럼 앉아서 소변을 보느냐, 체면이 말이 아니지 않느냐 하는 투의 느낌을 받았다.

몇 년 전 반기문 유엔사무총장이 스위스 다보스포럼에서 "경제가 성장할수록 세계는 더 큰 갈증을 느낄 것이며 물을 둘러싼 분쟁도 더 많아질 것"이라며 물이 부족한 곳에서 총이 득세하는 일이 점점 잦아질 것이라며 경고했다.

옛 어른들은 '물을 아껴 쓰면 용왕님이 돌봐준다.' 라며 아이들에게 물의 소중함을 일깨워 주었다. 우리도 좋은 의견을 모아 물 아껴 쓰기 캠페인을 꾸준히 전개해야 할 것 같다.

집에 갇혀 있는 날은 하루에도 몇 번씩 '눌꺼야?' '내리지마'를 반복하고 있다. 우리 가정에서 줄잡아 하루에 네 번 정도 변기에 물을 절약한다면 1년에 17,000리터의 물을 절약할 수 있다는 계산이 나온다. 이러한 방법이 전국적으로 확산된다면 절약수치에 입이 벌어질 것이다.

자연계의 생물체 중에서 사람이 가장 높은 지능을 가졌고 이성을 다스릴 줄 아는 뛰어난 동물이다. 물을 아껴 쓰는 것은 자연을 보호하는 길이요 스스로를 보존하는 방법이기도 하다. 사람이 자연을 파괴하는 주범이고 또 복원의 능력도 가지고 있기 때문이다.

처음 시작할 무렵에는 "눌꺼야?" "내리지마" "먼저 눴어" "안눠"란 용어들이 마치 낯선 사람의 이름을 부르는 것처럼 어색하기도 하고 자주 잊어버려서 시행착오도 생기고 잔소리가 오가기도 하였다. 하지만 지금은 자동응답기처럼 자연스럽게 주고받으며 습관이 되어버렸다. '눌꺼야?' '내리지마'가 우리 집 물 절약 구호이자 자연 사랑의 한 방법이며 반복되는 일상으로 자리 잡게 되었다.

물질이 넘치면 귀한 줄도 감사할 줄도 모르는 것이 사람의 속성이다. 넘칠 때 절약하는 것은 쉬운 일이나 모자랄 때 절약하는 것은 고통이 따르기 마련이다.

화장실 동기생인 우리 부부는 치매현상이 일어나기 전까지 물 절약 구호를 유인원의 의사소통처럼 둘만이 누릴 수 있는 단순하고 친근한 속어로 일상을 꾸려갈 것이다.

하찮은 변기 물 아껴 쓰기가 '물과의 전쟁'이란 커다란 화두를 지금 우리에게 던져주고 있는 것이다.

소나무 숲을 걸으며

솔 향 가득한 솔올마을에 살고 있다.

창문을 열면 앞산이 배를 내밀며 다가서고 몇 발작만 걸어도 솔숲이 손을 벌려 반긴다. 바람이 부는 날에는 깃발처럼 손을 흔들어 주기도 하여 벗처럼 친근감을 느끼게 한다.

황혼을 맞이하여서인지 요즈음 들어 부쩍 외로움을 타는 것 같다. 형제들은 멀리 흩어져 살고 자식들도 딴 살림을 차려 제 식구 챙기기에 바쁘고 다정했던 친구들도 뿔뿔이 흩어져 안부마저 뜸하다. 그나마도 위안이 되는 것은 문우들끼리 모임이 있거나 행사에 함께할 수 있는 기회가 있어 다행스럽게 생각하고 있다.

마음이 괜스레 허전하고 답답할 때는 산을 찾는다. 아무 때나 말없이 맞이해주는 숲이야말로 위안이요 고마움이다.

숲 중에서 소나무 숲이 단연 첫 손가락에 꼽힌다. 소나무 숲길을 걸으면 청량한 솔바람소리에 마음이 열리고 찬물에 세수를 한 듯 정신이 맑아진다. 솔바람소리는 숲의 숨결 같기도 하고 먼 곳으로부터 아스라이 밀려오는 파도소리처럼 여운을 남기기도 한다.

황금 솔가리가 융단처럼 푹신하게 밟힌다.

어릴 때 우리들은 솔가리를 갈비라고 불렀다. 방학이 되면 땔감을 구하기 위해 먼 길을 걸어 산으로 오른다. 갈퀴로 갈비를 싹싹 긁으면 땅의 피부가 벗겨져 속살이 드러나고 갈퀴자국이 흉터처럼 남게 된다.

소나무가 섭취해야할 영양분을 사람들이 빼앗아가는 것이다. 갈비를 모아서 모나게 재고 지게에 올려 하산을 할 때면 갈비의 무게만큼이나 마음이 가벼워지고 걸음도 빨라진다.

그 뿐이 아니다. 삭정이도 꺾어서 땔감으로 쓰고 생솔도 톱으로 쏠거나 도끼로 찍어서 장작으로 사용하기도 하였다.

소나무는 가옥이나 궁궐, 문화재를 건축할 때 요긴한 자재로, 송엽으로 차를 끓이고 술을 담기도 하고 송홧가루로는 다식을 만들고 흉년에는 속껍질을 벗겨 연명하기도 하였다. 관솔로 어둠을 밝히기도 하고 화목으로 밥을 짓고 따뜻하게 겨울을 나게 해 주었다. 소나무는 제 몸을 아낌없이 내주어 우리네 삶을 지탱시켜 주었던 은혜로운 나무다.

호젓한 숲길을 걸으면 외딴길에서 연인을 만나듯 설레임이 인다.

어른 소나무 밑에서 생기롭게 자라고 있는 어린 소나무를 보면 우리네 아이들의 미래를 보는 것 같아 희망이 솟기도 한다.

구부러지고 앉은뱅이가 된 장애소나무를 보면 마음이 편치 않다. 하늘 높을 줄 모르고 미끈하게 솟아오르는 금강송을 바라보노라면 높은 기상이 믿음직스럽기까지 하다.

젊었던 시절, 생활에 시달리고 좌절할 때면 북한산을 찾았다. 소나무는 척박한 땅에서도 생명을 키워내는 강인한 기질을 지니고 있다.

흙 한 톨 없는 메마른 바위틈을 헤집어 뿌리를 내리고 위풍당당하게 몸을 추켜세우는 소나무의 끈기와 슬기를 흠모하지 않을 수 없다. 소나무를 본받아 실패를 딛고 새로운 도약을 시도하기도 하고.

요즈음 정품 소나무는 금값이다. 국보급 소나무는 3~4억을 호가한다고, 휘어지고 비틀어져 화목으로 던져질 장애소나무도 정원수로 후한 대접을 받고 있다. 그래서 벌채와 불법훼손이 계속되어 소나무의 수난시대라고 하기도 한다. 매년 산불과 개발로 소나무 숲이 사라지고 있어 안타깝다.

솔숲을 산책하는 것은 여생을 아름답게 장식하는 순례의 길이란 생각을 가끔 하게 된다. 솔솔 부는 솔바람소리는 감미로운 여인의 음성처럼 다정하게 다가오고 마음에 담으면 영혼마저 맑아진다.

숲길을 걷다보면 덤으로 얻는 행복이 또 있다.

숲속에서 보석처럼 반짝이는 야생화와 마주하면 한 마리의 나비가 되어 꽃잎에 사뿐히 내려앉는다. 그리하면 화사한 꽃물이, 향기가 전신으로 번져 한 송이 꽃으로 피어나기도 한다.

바이올린의 음률처럼 퍼지는 새들의 노랫소리는 숲의 생명들을 부추기는 절창이 되기도 하고 구애의 목소리처럼 마음에 파장을 일으키기도 한다.

애국가에서 소나무를 민족의 기상으로 노래했듯이 이 나라의 국운이 금강송의 기운처럼 세계로 뻗어나가기를 기원해보기도 하고.

소나무의 생명력을 받아 오래도록 푸른 숲길을 거닐고 싶다.

평화의 사도인 소나무야, 은혜로운 소나무야, 곧은 선비 같은 소나무야, 네가 그 자리에 서 있기에 나는 마냥 행복하단다. 사랑스러운 나의 소나무야.

별의 고향을 만나다

1999년 7월 7일,

룡정 땅은 30도를 오르내리는 무더운 날씨였다. 룡정은 윤동주 시인이 태어나고 자라고 공부 하였던 곳이요 순국하여 돌아와 고향 땅에 묻힌 곳이다. 우리가 방문 당시 룡정시에는 약 30만 명의 동포가 살고 있었다. 룡정은 북간도 조선족의 도읍지나 마찬가지이고 항일투쟁의 본거지이기도 하다.

룡정 땅에 들어서자 마치 오랫동안 헤어졌던 형제를 만나러 온 것 같아 마음이 설레었다.

일행은 먼저 룡두레우물에 들렀다. 1860년대 조선족 10여 호

농민들이 처음 이주하여 우물을 팠던 곳인데 두레박으로 물을 길어먹던 시절이었다. 1985년에 '룡정지명 기원우물'이란 돌 기념비가 세워졌고 '룡두레우물'이 결국 룡정(龍井)이란 지명으로 태어났다고 한다. 지금은 일대가 공원으로 조성되어 있었다.

룡두레 우물을 다시 한 번 들여다 보고나서 일행은 비암산 일송정으로 올랐다. 일송정에는 육각 정자가 세워져 있었다. 사방으로 낮은 산과 푸른 들판이 전개되고 해란 강이 비암산의 허리를 두르고 흐른다. 들판 옆으로는 조선족의 농촌마을도 눈에 들어온다.

일송정은 조선족이 자주 오르내리며 독립의 기상을 높이던 곳이라 일제의 눈에 감시의 대상이 되고 눈엣 가시가 되었다. 일본군이 일대의 소나무에 조선족의 정신이 서려있다는 구실로 소나무를 뿌리까지 뽑아내고 화학물질까지 뿌려서 사격장을 만들고 소나무의 씨를 말렸던 것이다. 만주를 점령하고 있던 일제 침략자들의 야만적 횡포는 한두 가지가 아니었다.

소나무를 다시 심어서 지금은 어린 소나무들이 군데군데 자라고 있었다. 비통한 심정으로 사방으로 시선을 돌리던 중 누군가의 입에서 선구자의 노래가 튀어나왔다. 한국전통예술확회 회원들은 일제히 합창을 하기 시작했다. 목이 터지도록 불렀다. 맺혔던 한이 폭발하며 가슴으로 눈물이 흐른다. 중국 돈 5원짜리 입장권

뒷면에는 신통하게도 '일송정에 깃든 이야기'란 제목으로 '선구자' 노래, 1,2절이 기록되어 있었다.

'일송정 푸른 솔은 늙어 늙어 갔어도

한줄기 해란 강은 천년 두고 흐른다.

지난날 강가에서 말 달리던 선구자

지금은 어느 곳에 거친 꿈이 깊었나.'

눈시울이 뜨거워지고 목이 메었다. '선구자'란 노래는 룡정 조선족의 독립운동 정신을 선양하기 위해 지었던 노래라고 한다. 원래 제목은 '용정의 노래'였는데 '선구자'로 바뀌었다고 한다. 윤동주 학생도 일송정에 올라 나라 잃은 슬픔을 달래며 시상을 다듬었을 것이리라.

북간도 땅은 조선족이 피땀으로 개척한 생명의 터전이다. 숙연한 기분으로 아쉬움을 안고 돌아서려는데 누군가의 입에서 선구자 2절이 터지자 소리 높여 합창을 하였다. 우렁찬 노랫소리는 룡정벌로 퍼져나가고 응어리졌던 울적한 기분이 풀리면서 가슴이 후련하였다.

오후 2시가지나 룡정중학에 도착했다. 먼저 교정에 서있는 윤동주 시비 앞에서 회원들은 묵념을 하면서 고인의 명복을 빌었다. 시비에는 '서시'가 새겨져 있었고 시가 살아서 꿈틀거리고 있었다.

룡정중학 력사전시관에 들렀다.

선생님 한 분이 환영인사를 하면서 룡정중학의 약사를 설명하기 시작하였다. 일행은 조용히 앉아 귀를 기우렸다. 선생님의 설명을 대략 정리해 보았다. 윤동주 시인은 1917년 만주 북간도 명동촌에서 태어났다. 1925년 명동소학교에 입학하고 1929년 송몽규 급우와 함께 〈새명동〉이란 등사판 문예지를 만들어 동요, 동시를 발표하였다.

1932년 용정의 은진중학교에 입학하여 교내 잡지를 발간하고, 1935년 평양 숭실중학교로 입학 시작에 몰두, 1936년 봄 숭실중학의 신사참배 거부사건으로 관(官)에 접수되자 용정의 광명학원 중학부 4학년에 전입하면서 시를 발표하였다.

1938년 2월 고종인 송몽규와 함께 서울연희전문 문과에 입학하고 1939년 '조선일보' 학생란에 산문 '달을 쏘다'와 〈소년지〉에 동요 '산울림'을 발표하였다. 1941년 연희전문학교 문과를 졸업하고 1942년 일본 토쿄릿쿄오 대학 영문과에 입학하다. 가을에 동지사대학으로 편입학하였다.

1943년 송몽규와 함께 독립운동 혐의로 일본경찰에 체포되어 경찰서에 구금된다. 1944년 6월 교토지방 재판소에서 독립운동의 죄명으로 2년형을 언도받고 송몽규와 함께 후쿠오카 형무소에

투옥된다.

1945, 2, 16, 형무소에서 독립을 몇 개월 앞두고 29세로 옥사하였다. 송몽규도 3월 10일 옥사하였다. 그해 3월에 고향 룡정의 동산에 묻히다.

1946년 9월에 은진, 명신여고, 광명, 동흥, 대성 광명여고 6개 중학교를 룡정중학으로 합병하였다. 합병 전 각 학교 졸업생들은 모두 룡정중학 졸업생으로 취급되었다.

1948년 1월 유고시집 〈하늘과 바람과 별과 시〉 31편이 정음사에서 간행되고 1955년 2월, 10주기 추모에 전 유고를 모아 〈하늘과 바람과 별과 시〉를 정음사에서 간행하였다. 1968년 11월 연세대학교에 동생인 윤일주씨가 설계한 '윤동주시비'가 세워지게 되었다.

1985년 룡정중학교에서 '윤동주문학사상연구소'가 설립되고 윤동주시인이 은진중학시절에 꾸리던 교내 문예지를 1993년 〈별〉지로 복간하게 되었다. 설명자는 덧붙여 〈별〉잡지의 발행목적을 알려주었다.

"〈별〉잡지의 명칭에서 본 잡지는 룡정중학 윤동주문학사상연구회 기관지로서 항일 시인 윤동주의 '서시'에서 따온 〈별〉을 잡지의 명칭으로 한다고 하였다. 또 '지도사상의 원칙'에서도 항일시인 윤동주의 나라를 사랑하고 민족을 아끼는 넋을 세세대대로 꽃피우고 시인과 같은 문학인재를 육성하여 후대들의 민족자질을 재고시키는 것을 본 잡지의 지도사상으로 한다. 본 잡지는 향토성, 문학성, 민족성을 복간취지로 한다." 라고 규정하였다고 한다.

주로 윤동주 연구회 회원들이 창작한 시, 수필, 실화, 소설, 단상 등과 교내소식 등을 게재하고 학생들이 창작한 동요, 동시, 서정시, 수필, 기행문, 소설, 동화 등을 수록하고 있다고 한다. '윤동주 문학상'을 교내에서 제정 시행하고 있으며 윤동주시인 탄생80주년을 맞이하여 1997년 5월에 〈윤동주와(별)의 만남〉을 특집으로 출간하여 고인의 영전에 고이 바쳤습니다. 라고 설명해 주었다.

뜻 깊은 용정의 역사와 윤동주시인의 문예활동을 귀담아 듣고 나서 민족의 긍지를 되새겨 보았다. 일행들은 기념품가게에서 저마다 필요한 선물들을 몇 가지씩 고르고 어떤 여류 수필가는 특집 20권을 구입하면서 회원들에게 나누어 주겠다고 한다.

기부금장부에 사인을 하고 돌아서니 마음이 홀가분하다. 그러나 좀 더 큰돈을 기부하였더라면 하는 아쉬움이 남는다.

교정을 떠나기 전 윤동주 시비 앞에 다시 서 본다.

'죽는 날까지 하늘을 우러러 한 점 부끄러움이 없기를…'

맑은 시정과 민족 사랑의 얼을 일깨워준 윤동주시인의 밝은 '별'

은 우리들 가슴속에서 영원히 빛날 것이다.

바쁜 일정 때문에 버스에 오르자 윤동주 시인의 묘소를 참배하지 못한 것이 못내 아쉬움으로 남았다. '서시'가 귓가에 맴돌고 있는데 버스는 바람을 가르며 룡정 땅을 점점 뒤로 밀어내고 있었다.

올해가 윤동주 민족 시인이 탄생한지 100주년(2017년)을 맞이하는 뜻 깊은 해다. 시인의 모교 룡정중학 방문기를 미력이나마 시인의 투명한 시정신과 민족 사랑을 실천한 높은 이상을 추모의 글로 바친다.

2부

천사의 헌신

에델바이스의 천사 _

황소의 분노 _

문학의 곳간 _

영산홍 필 무렵 _

꿀사과 장수 _

곤충밥상 _

닭의장풀 _

동궁시대 _

난시의 변 _

속초 아바이 마을 _

에델바이스의 천사

우리 집 아침 첫 손님은 문둥이였다. 아침식사 시간에 맞추어 매일 찾아왔다. 바가지를 두드리거나 인기척을 내면서 자신의 존재를 신호로 보낸다, 내가 초등학교학생일 때 문둥이는 고등학교 학생 쯤 되어 보이고 체구도 컸다.

그릇에 밥과 김치를 담아서 문둥이의 바가지에 담을 때에는 내 그릇이 바가지에 닿지 않도록 쏟아 부어 주고는 뒤돌아보지 않고 집안으로 들어왔다. 그러나 아무리 조심을 해도 소매, 손, 그릇에 내 손이 닿을 수밖에 없다. 문둥이는 볼 때마다 일그러진 얼굴에 웃음인지 울음인지 이상한 표정을 짓고 있었다.

문둥이 네는 우리 집에서 그리 멀지 않은 신작로 가에 움집을 짓고 살았다. 이따금 산으로 나무를 하러 가거나 할 때는 부자가 함께였고 어머니는 보이지 않았다.

손발은 불에 구운 것처럼 오그라들었고 진물을 헝겊으로 칭칭 동여매고 다녔다, 동네사람들은 그 부근에 얼씬도 하지 않았다.

문둥이들이 많이 오갈 때에는 이상한 소문이 떠돌았다. 어린아이를 붙잡아 산속 으슥한 곳에서 아이의 간을 빼먹으면 문둥이 병이 낫는다고 하여 산길로 학교에 다니는 아이들은 여럿이 함께 어울려 다니기도 하였다.

그 당시만 해도 문둥이들이 자주 시내에 나타나 사람들을 불안케 하였다. 세상에서 가장 수치스러운 천대와 멸시를 받으며 모진 목숨을 버리지도 못하고 살아가는 나환자들은 제일 더러운 동물처럼 취급당하였다. 또 병을 옮긴다고 하여 모두에게 기피인물이 되었다.

나는 몇 년 동안 아침밥을 담아 주면서 문둥병에 걸린 것으로 착각에 빠졌다. 밥그릇에 옮겨 붙은 문둥이의 병균이 내 몸속에 돌아다닐 것 같아 우울해 질 때도 있었다. 중학교 3학년 때 객지에서 이틀 동안 열에 들떠서 정신없이 앓았다. 약을 지어주는 사람도 없었고 그냥 방치되어 있다가 겨우 정신이 돌아오자 먼저 나의 손발을 살폈다. 거울에 나타난 얼굴에도 이상한 흔적이 없어 문둥병을 앓은 것이 아니구나 하고 안심했다. 가끔 한하운 시인의 시가 떠오르기도 하였다. 보리피리 불면서 고향을 그리워하며 전국으로 떠도는 모습이 장차 나의 모습 같기도 하여 눈물을 글썽거리기도 하였다. 내가 문둥이의 환상에서 완전히 깨어난 것은 군에 입대하고 부터다. 씩씩하고 절도 있는 군의환경이 좀팽이 같은 문둥이 잠재의식을 말끔히 씻어주었다.

문둥병 환자들은 전국으로 몰려다니고 거지행세로 끼니를 해결하고 그들이 나타나면 어수선하였다. 자기들은 병을 치유할 수 없다고 생각하여 절망 속에서 자신을 포기해 버린 것이다.

국가에서 용단을 내렸다. 전남 고흥 소록도에 나환자들의 집성촌을 만들고 숙식을 해결해주며 의료시설을 개선하여 치료의 손길을 확장하였다. 사회로부터 멸시와 천대를 피해 나환자들이 몰려들었다. 신년의 겨울바람이 울면서 세차게 불던 어느 날 아침 문둥이 형이 그 날 처음으로 웃으며 밥을 받아들고 남쪽하늘을 가리키며 손을 흔들었다. 동태가 될 것 같은 문둥이형에게 따라서 손을 흔들었다. 이별의 시원섭섭함이라 해야 할까.

1962년도에 하늘의 천사 두 사람이 오스트리아에서 시차를 두고 소록도에 날아왔다. 이들은 같은 간호학교 출신으로 같은 방에 살았다. 이들은 세계2차 대전의 참상을 목격한 뒤 생명을 지키기 위해 일생을 바치기로 결심했다. 마리안느와 마가렛은 각각 1962, 1966년부터 자원봉사자 자격으로 소록도 병원에 들어와 각각 43년, 39년을 한센 인들의 치료, 영아원 운영, 재활치료, 의료시설모금 등에 기여했다.

마리안느 스퇴거(83세), 마가렛 피사렛(82세)은 세상에서 가장 천대받고 소외당하는 한센 인들의 상처를 치료하면서 이들의 재활을 도왔다. 두 수녀 간호사의 헌신은 아무나 따라할 수 없는 천사의 미소와 손길이며 지칠 줄 모르는 사랑과 의지의 힘이 있다.

한센 인을 위하여 젊음을 다 바쳐 치료한 이들은 노벨평화상 후보자로 사회의 유력 인사들이 추천하려고 나서고 있다. 멀고 먼 소록도로 날아와서 나환자치유를 위해 일생을 바친 이들이야말로 '헌신'을 실행한 천사들이다.

두 수녀의 생명존중의 사랑이야말로 하늘의 음성을 그대로 실천한 것이다.

두 천사의 헌신이란 실체를 확인하면서 우리들 양심의 속내에서 봉사와 사랑의 실천이 무엇인가를 다시 떠오르게 한다.

황소의 분노

'황소'는 왜 산이라도 떠받을 듯 분노하고 있는 것일까. 성난 황소를 들여다보면 어깨에 힘이 곤두서고 가슴이 파도처럼 일렁인다. 근원을 알 수 없는 심연의 밑바닥에서 분수처럼 솟구치는 핏줄기 같은 분노. 언어 이전의 원초적인 비극과 투쟁의식이라고 할까. 내 머리에도 날카로운 뿔이 솟는다. 꿈틀거리며 전율하는 황소의 투지가 시선을 사로잡는다. 어쩌면 예술혼의 절규를, 그의 짧은 생애를 마음에 담으면 눈시울이 뜨거워진다.

황소는 주체할 수 없을 만치 뿔이나 있다. 큰 산이라도 단숨에 치받을 듯 잔뜩 화가나 폭발직전이다. 거친 숨소리가 들린다. 분노를 일으켜 세운 어깨의 우람한 근육, 거칠게 내 딛는 다리의 완강한 힘은 목표물을 사정없이 짓밟을 것 같은 기세다. 뿔난 황소 앞에서는 어떤 맹수도 감히 대적할 수 없다는 당당한 투지를 보여준다. 온몸의 피가 거꾸로 소용돌이치며 불알마저 선홍빛으로 물들이고 굵은 강철로 휘감은 듯한 꼬리는 물러서지 않으려는 굳센 의지의 상징이다.

'황소'는 이중섭화가의 삶과 예술의 압축이다. 이루지 못한 사랑의 절창이며 삶의 반전을 노리는 의지이며 현실에 대한 항변이자 저항의식이다. 화가는 일찍부터 소에 대한 애착이 남달랐다. 그림에 뜻을 두기 시작한 오산중학 시절부터 소를 찾아다니며 화폭에 담았다. 원산시절 몇 날을 해가 저물도록 어느 집 소를 지켜보다가 도둑으로 몰려 고발당한 일도 있었다고 한다.

한국소의 이미지가 그의 시선과 생활체험을 통하여 이상적인 자아로 회귀하게 된다. 가족을 일본으로 떠나보내고 난 후 그는 고독과 가난에 시달리면서도 꿋꿋하고 우직하게 지칠 줄 모르는 소를 자기 자신으로 형상화 시킨다.

소는 농경사회의 상머슴으로 우리들 생활과 함께하여온 피붙이나 다름없는 가축이었다. 소는 민족의 얼과 같은 정서를 지니고 있다. 충직한 소는 밭을 갈아 양식을 생산해주었고 무거운 화물을 군소리 없이 운반해 주었으며 죽어서도 고기와 가죽과 창자까지 우리에게 내어주는 삶의 동반자였다. 민족의 애절한 정서가 담긴 소를 화가는 자신처럼 사랑했다. 화가의 짧은 생애에서 가족은 인생의 의미이자 버팀목이었고 소는 그를 버티게 하여준 힘의 원천이었다. 그는 아내에게 보내는 엽서에서

"정말 외롭구려. 소처럼 무거운 걸음을 옮기며 안간힘을 다해 그림을 그리고 있소." "내가 그린 소는 착하고 고생하는 소, 한국의 소란 말입니다." 라고 하면서, 이중섭의 소 그림은 25점이라고 한다. 지금 감상하고 있는 황소 그림은 1953년 통영에서 그리고 성림다방에서 유화개인전을 열 때 발표한 작품이다. 화가의 친구 한 분은 이중섭을 가리켜 비틀거리며 살다간 소라고 하였다.

이중섭화가는 1916년 평남 평원군의 부유한 집안에서 태어났다. 보통학교에 입학하여 화가 김병기, 소설가 황소원과 동기가 되었다. 1935년 일본의 문화학원 미술과에 입학하고 졸업하였다.

화가는 1942년 4월에 미술창작가협회전에 '소와 어린이'란 작품을 출품하게 되었다. 1945년 5월에 일본유학 시절에 교제하던 야마모도 마사꼬와 결혼하고 한국이름을 이남덕이라고 지어주었다. 그 후 아내를 부를 때에는 한국이름인 남덕군이라고 애칭으로 사용하였다.

1950년 6.25전쟁이 터지자 12월 처와 두 아들을 데리고 부산으로 피난을 오게 되어 한 때 부두에서 막노동을 하기도 하였다. 1951,1월 가족을 데리고 제주도로 이주하였다가 그 해 12월 다시 부산으로 옮겨왔다. 단칸방 빈촌에서 생활하며 양담배갑의 은지를 모아 은지화를 그리기 시작하였다. 전쟁 중의 혼란과 참담한 생활고에 두 아이들은 영양실조에 걸리게 되었고 결국 부인과 두 아들은 1952년 동경의 친정집으로 가게 된다.

1953년 구상 시인의 도움으로 동경으로 건너가 가족과 2주간 잠시 만나고 돌아오게 되었으나 그 후 화가는 영영 가족과 이별하게 된다. 이별의 슬픔과 가족에 대한 그리움, 비틀거리게 하는 생활고, 어지러운 환경에서 오로지 그림창작에만 몰두하여 예술가의 치열한 예술혼을 불태우게 된다.

그는 가족에 대한 절절한 그리움을 그림에 담고 엽서와 서신으로 아내 남덕군과의 사랑을 엮어간다.

"우동과 간장으로 하루에 한 끼 먹는 날과 요행 두 끼 먹는 날도 있는 그런 생활이었소. … 불을 땔 수없는 사방 아홉 자의 냉방은 혼자 자는 사람에겐 더 차가와 질 뿐"

"포동포동한 손가락, 깜빡깜빡하는 당신의 다정한 애정을 말하는 눈, 보들보들한 입술, 얼마큼 살이 쪘는가, 하루에 몇 번이나 발가락을 씻고 있는지, 꼭 답장을 주기 바라오. 길고 긴 입맞춤을 보냅니다."

"다음에 가면 남덕의 모든 것을 두 팔에 꼭 껴안고 내 곁에서 언제까지나 결코 놓지 않을 결심이요."

"예술은 무한한 애정의 표현이요, 참된 애정의 표현이요, 참된 애정에 충만함으로서 비로써 마음이 맑아지는 것이오, 마음의 거울이 맑아야 비로써 우주의 모든 것이 올바르게 마음에 비치는 것이 아니겠소?"

"착한 오직 유일한 나의 빛, 나의 별, 나의 태양, 나의 애정의 모든 주인인 나만의 천사, 최애의 나의 현처 남덕군, 건강하게 기운을 내주오."

이중섭화가의 생명과 예술에 대한 활력은 오직 가족에 대한 사랑이, 예술에 대한 끝없는 창의력과 열정이 빚어낸 걸작 품들에 고스란히 담겨있다. 그는 그림을 위해 태어났고 그리기위해 살았으며 그리움의 불꽃으로 그리고 또 그렸다.

구상 시인은 이렇게 회상하고 있다.

'중섭은 참으로 놀랍게도 그 참혹 속에서도 그림을 그려서 남겼다. 판잣집 골방에서 콩나물처럼 끼어 살면서도 그렸고, 부두에서 짐을 부리다가 쉬는 참에도 그렸고, 다방 한구석에 웅크리고 앉아서도 그렸고, 대폿집 목로판에서도 그렸고 캔버스나 스케치북이 없으니 합판이나 맨종이, 담뱃갑, 은지에다 그렸고 물감과 붓이 없으니 연필이나 못으로 그렸고 잘 곳과 먹을 것이 없어도 그렸고, 외로워도 슬퍼도 그렸고, 부산, 제주도, 통영, 전주, 대구, 서울 등을 표랑 전전하면서도 그리고 또 그렸다.' '중섭에게 있어서 그림은 그의 생존과 생활과 생애의 전부였다. 아니 그의 죽음까지도 그림에 대한 순도였다.' 라고 하였다. 화가는 그림을 창작하면서 각지를 순회하며 전시회를 열기도 하고 지인의 도움을 받기도 하였다.

서울 미도파백화점화랑에서의 개인전에서는 대호평을 받으며 그림이 많이 팔렸다. 그러나 그 그림 값도 주위 사람들을 대접하느라 흐지부지 날려 버리고 말았다.

그의 그림은 사후에 극찬을 받기 시작하였고 뉴욕 소재 현대미술박물관에 은지화 3점이 영구 보존키로 결정되기도 하였다. 최근에는 한국현대회화 전에서 소 삼총사인 누런 황소, 황소, 흰소가 시민들의 절찬을 받고 있다. 황소의 분노는 6.25민족전쟁에 대한 비분이요 이별과 가난한 시대의 고통이며 폐허에서 다시 일어서려는 의지의 표상이다.

그의 생애 끝 무렵, 병고에 시달리면서 예술에 대한 지칠 줄 모르던 열정도 사그라지고 그리움도 타버리고 분노도 일그러졌다.

1955년 그는 영양실조와 극도의 쇠약으로 정신분열증을 일으키게 되었고 황달병에 걸렸으나 치료도 제대로 받지 못하였다.

1956년 영양실조와 간장염으로 고통을 겪으며 음식을 거절하기 시작하였고 9월6일 간장염으로 지켜보는 이 없이 홀로 숨졌다. 3일간 무연고자로 시체실에 방치되었다가 지인들이 수습하여 화장하고 망우리 묘지에 장사지냈다. 그 해 늦가을 조각가 차근호의 제작으로 묘비가 세워졌다.

그림의 광인이었던 천재화가, 처절한 외로움과 핏빛그리움, 생살을 찢는 가난과 끝없이 펼쳐지는 암울한 시대의 파도와 맞서 독립투사처럼, 황소처럼 꿋꿋하게 분전했지만 끝내 무릎을 꿇고 말았다.

가시밭길을 맨발로 걸었던 그의 치열했던 예술세계를 되짚어보면 가슴 겹겹이 눈물이 고인다. 아! 아! 가련하고 애달팠던 천재화가여, 40년의 푸르디푸른 예술혼을 접고 차디찬 땅에 눕다니, 위대한 화가를 속절없이 빼앗겼던 이 땅의 환난이여, 겨레의 아픔이여, 뿔난 황소여, 화가 이중섭은 주체할 수 없었던 생애의 비극마저 털어버리고 격정의 시간들도 불사르고 한 마리의 파랑새가 되어 꿈에도 그리던 가족의 품으로 훨훨 날아간 것이리라.

한 점 황소 그림을 안고.

문학의 곳간

사람은 두 개의 곳간을 평생 지니고 산다. 물질을 쌓아두는 곳간과 정신을 쌓아두는 곳간을 말한다.

먹이 곳간인 물질은 손에 쥘 수도 있고 수량을 셀 수도 있어 직접 느낄 수 있지만 육체에 깃들어 있는 정신이란 곳간은 만질 수도 보이지도 않는 영혼의 세계다.

욕심 같아서는 두 개의 곳간이 차고 넘쳐서 빈곤한 이웃과 마음이 가난한 사람들에게 골고루 나누어 줄 수만 있다면 그 보다 더한 행복이 어디에 있을까.

양식을 쌓아두는 곳간은 아직 빨간 불이 켜지지 않았으니 견딜

만하고, 문제가 심각하게 불거진 것은 정신의 곳간이 텅 비어가고 있다는 사실이다. 그도 그럴 것이 정신이란 곳간에서 문학이란 공간을 살펴보면 겨울들판처럼 황폐하기 그지없고 목이 타들어가듯 갈증마저 느끼게 한다.

문학이란, 나의 정신세계에서 큰 비중을 차지할 뿐만 아니라 터줏대감 노릇까지 하고 있다. 그 속에는 양심, 지식, 역사, 철학. 지혜 등 올바른 사고를 유발할 수 있는 요소들이 숨어 있다. 그 재료들이 창작의 매개체가 되는 것은 말할 것도 없고.

요즈음 문학이란 우물에 두레박을 내리고 소리가 나도록 바닥을 긁어 보지만 소리만 요란할 뿐 물이 담기지 않는다. 며칠을 물이 고이도록 기다렸다가 겨우 몇 두레박을 퍼 올려서 목을 축이는 형편이니 문학의 토양은 사막처럼 메말라가고 있는 것이다.

첫 징조가 원고청탁에 대한 과민 반응이다. 문학 잡지사에서 청탁서라도 날아오면 겁부터 집어먹으며 자라목처럼 움츠러드는 것이다.

감성과 지성의 융합으로 빚는 창작기법도 무디어지고 기억력과 상상력도 연기처럼 날아가 버린 것이다.

정신세계가 공허하여 가슴으로 생명수가 흐르지 않고 사물에 대한 연상이 토막토막 단절되기도 하고 파장 뒤처럼 한산하고 쓸쓸한 기운마저 감돌고 있다.

딱한 마음에 흘러간 시간을 되짚어본다. 정신의 곳간을 채우기 위해 어렸을 때부터 무던히 문학서적을 가까이 하였다. 중학생 시절부터 밤을 새우며 닥치는 대로 소설이며 시집을 읽었다. 시간에 쫓길 때는 소설류는 두 줄씩 읽어 내렸고 외출을 할 때에는 손에 문학 서적이 들려 있었다.

총칼로 무장한 엄격한 군대생활에서도 문학서적을 숨바꼭질하듯 숨겨가면서 문학의 숨결을 이어갔다.

삶의 체험 장도 순탄치 않았다. 거칠고 투쟁적인 사회생활을 통하여 치열한 생존경쟁을 치룬 것도 문학의 밑거름이 된 것이다.

그러나 문학이란 곳간을 제대로 채우지 않고 요리조리 빼먹기에만 골몰하다보니 이제는 바닥이 훤히 드러나서 폐기처분 직전까지 이르게 된 것이다.

이따금 어찌어찌하다가 용케 주제를 살리고 기를 쓰다보면 전혀 보이지 않던 언어들이 요정처럼 나타나 가슴을 설레게도 하지만 그러한 행운은 연중 한 두 번 있을까 말까다.

가끔 마음을 다잡아 보아도 예술의 성분과 사유의 세계는 흐리멍덩해지고 마음에 잡초만 무성하니 이를 어찌 수습할 것인가. 그리하여 이쯤에서 글쓰기를 포기하고 얼마 남지 않은 세월을 옛 선비들처럼 유유자적하며 살고 싶은 생각이 굴뚝같이 솟기도 한다.

손바닥만 한 글을 건지는 데도 수없이 머리를 굴리고 마음을 조이며 딸꾹질을 하면서 분투하여도 잠시 눈을 돌리기라도 하면 모였던 언어들이 모래알처럼 흩어져 버린다.

세상을 살아오면서 그나마도 인간답게 산다고 자부하던 창작 활동이 하루아침에 모래성처럼 허물어지니 허망하기도, 안타깝기도 하다.

요즈음 꼴이 말이 아니다. 옷에 똥을 싸서 이러지도 저러지도 못하고 엉거주춤하게 서 있는 내 울상을 보다 못하여,

어느 문인 선배가 "박 형, 작가는 죽을 때까지 작가야. 저승에 갈 때도 펜대를 잡고 가야해. 혹시 하늘나라 창조주께서 신년사라도 대필하라고 하면 어쩔 것이여, 지금까지 문학 때문에 고뇌하고 험한 길 마다하지 않고 걸어 왔는데 그걸 놓으면 밥술 놓은 것이나 마찬가지여. 삶의 의미가 사라지는 것이여. 아예, 문학을 포기한다는 말은 입 밖으로 꺼내지도 말게나. 사내답지 않게 서리."

문학의 곳간이 언제부터 비워지게 된 것일까. 맵시 좋고 풍요롭던 언어각시들의 춤사위가 어찌하여 안개처럼 사라진 것일까.

내 문학의 곳간을 털어간 주범은 누구일까. 아무래도 세월을 훔쳐가는 도둑놈의 소행이 아니겠는가.

봄날, 진달래꽃이 만발하면 앞동산에 올라 진달래에게 물어 볼 참이다.

'너는 어이하여 모진 겨울을 이겨내면서 해마다 거르지 않고 꽃을 피우느냐고.'

영산홍 필 무렵

영산홍 무리가 핏빛이다. 죽음처럼 처절한 눈부심이다. 동거차도 앞 죽음의 바다. 푸른 바다에 넘치는 젊은 넋들이 꽃으로 살아나 붉은 영산홍으로 피어났는가.

아! 처절한 혼돈의 죽음 앞에, 가슴 저미는 통곡소리, 태산보다 무겁고 바다 속보다 깊은 슬픔이여.

부모들은 생때같은 자식들의 공포와 죽음을 대신하고 싶다고, 아들딸들을 대신하여 바다에 뛰어들고 싶다고. 세월호는 진도 앞바다 거센 물살에 귀한 자식들을 한꺼번에 수장시킨 원흉이어라.

아! 영산홍보다 붉은 영혼들이여, 너무 미안해, 용서도 빌 수 없어, 어른들의 무능이 너희들의 눈을 감겼어. 정말 미안해, 모두 우리 어른들의 책임이고 잘못이니까.

뜨거운 불길이 목구멍으로 치솟는다. 분노가 울음이 되어 사람들을 실신시킨다. 이 비극의 현장에서 누굴 탓하고 누굴 원망하랴. 그동안 눈 덩이처럼 쌓이고 쌓였던 비극의 불씨가 그날 너희에게 불벼락처럼 떨어진 것을.

그러나 참고 참아도 용서치 못할 사람이 있다. 선장이다. 그가 안전과 재난구조교육을 한 번도 받지 않았더라도 그래서는 안 될 일이었다. 사고 즉시 본성적으로 승객들을 먼저 대피시켜야 했었다. 생명의 존귀함을 저버린 수심이었다. 돌이킬 수 없는 범죄고 수치였다. 그 시간 한 가닥 기치만 발휘하였더라도 수많은 생명을 더 구할 수 있었을 터인데.

어이없는 참변, 일어나서는 안 될 비극은 우리 스스로에게 터뜨리는 분노요, 때늦은 반성이자 후회다.

눈에 넣어도 아프지 않을 우리 아이들, 이웃들, 캄캄한 바다 속에서 저항 한 번, 용솟음 한 번 쳐보지도 못하고 질식해버린 가엾은 피붙이들. 부모들의 가슴은 갈 갈이 찢어지고 까맣게 타서 재가 되었다. 비탄의 신음소리는 우리 모두에게 상복을 입혔고 마음에 한을 맺게 하였다.

'엄마, 난 엄마아들이어서 정말 행복했어요.'

'엄마, 내가 말 못 할까봐 보내놓는다. 사랑한다.'

'왜? 나도 아들 사랑한다.'

'어떡해 엄마, 사랑해.'

'우리 진짜 기울 것 같아, 사랑해 고마워.'

어린 생명들이 무슨 죄가 있길래 그토록 바다는 잔인하였던가. 지켜주지 못해 미안해, 정말 미안해, 용서해줘.

눈물이 흐른다. 펑펑 소리 내어 울고 싶다. 가슴이 먹먹해지고 손이 떨린다. 속이 뜨거운 물처럼 부글부글 끓는다. 마지막 아들 딸들의 절규 앞에 무슨 말로 용서를 빌고 용서를 받을 것인가.

아무리 생각해도 괘씸하고 용서할 수 없다. 인간의 윤리마저 팽개친 선장의 파렴치한 행동을, 선내의 모든 책임을 쥐고 있는 우두머리가 세상에서 가장 어리석고 비겁한, 용서받을 수 없는 죄를 저질렀으니 국민이 이를 어떻게 심판할 것인가.

냉정하게 우리들을 거울에 비추어보자. 이 판국에 누굴 탓하고 누구에게 손가락질 할 것인가. 당초부터 부정과 불법이 관행처럼 흘러온 것을. 안전 불감증에 길들여지고 비리에 눈이 멀어 사회 곳곳이 곪아 터진 것을. 누구에게 그 책임을 물어야 하나. 우리들 스스로가 무덤을 파지 않았던가.

그러나 다소 위안이 되는 것은 마지막까지 선체에 남아 한 사람이라도 더 구하기 위하여 목숨을 바친 박지영, 정현선, 김기웅과 같은 의사자들, 사무장과 살신성인으로 제자들을 구하던 선생님들, 목숨을 담보로 수중탐색 활동을 하고 있는 잠수사들, 내일처럼 앞장선 자원봉사자들, 묵묵히 지원하고 있는 진도주민들, 고인들을 추모하며 분향하는 수많은 조문객들, 나라의 세금을 축낼 수 없다며 간소하게 장례를 치루는 부모님들, 충격과 슬픔과 분노를 삭여주는 사람들이 있기에 이 사회가 재기할 수 있다는 희망을 가지게 되어 한숨을 돌리게 한다. 이제 울음을 안으로 삼키며 마음을 가다듬자. 남은 아이들을 돌보며 다독여 이들이 바르게 가도록 지혜의 길을 터주고 용기를 심어주자.

하늘의 선물이자 이 땅의 미래인 자식들을 껴안고 보듬자. 이 끔찍한 비극이 재발하지 않도록 어른들이 각성하고 변화의 물결에 앞장서자. 만개의 손을 가진 신이라도 스스로 돕지 않는 자를 도와주지 않는다는 것을 우리는 알고 있다.

문명국이란 말도 입 밖에 내지말자. 잘사는 나라라고 거들먹거리지도 말자. 민주주의 국가라고 억지 부리지도 말자. 이 나라 구석구석이 병들어 있다는 것을 통감하자.

이때에 수술하고 치유하고 예방하지 못한다면 우리들의 미래는 어두울 뿐이다. 시간이 걸리더라도 차곡차곡 썩은 뿌리는 도려내고 병든 가지는 잘라내고 나무의 기둥을 싱싱한 재목으로 길러내야 한다.

누굴 탓하랴. 우리 모두가 방관한 공범인 것을, 무사안일주의, 공동체의 도덕성붕괴, 부정과 비리의 온상, 얼간이들이 저지르는 개인과 집단이기주의 등 이 사회의 병폐가 개선되지 않는 한 우리 앞에 새 길이 열리지 않는다. 불행을 딛고 희망의 깃발을 높이 올리자. 마음을 추스르고 우리의 잠재력에 불을 붙여 행진을 다시 시작하자.

'나의 사진 앞에서 울지 마세요. 우리들은 하늘 천사의 인도로 높고 푸른 하늘로 먼저 떠날 뿐입니다. 훗날 다시 만날 것을 약속합니다. 엄마 아빠 사랑합니다.'

'미안하다, 부끄럽다, 죄인이다. 엄마 아빠도 너희를 사랑한다. 사랑한다.'

4월의 영산홍이 슬피 울고 있다. 지울 수 없는 핏빛으로.

꿀사과 장수

사람이 성장하는 데는 주위 환경이 큰 몫을 하게 된다. 장사를 하는 데도 이와 유사한 점이 있다. 사람에게 환경이 중요하듯이 장사도 목이 좋아야 번창할 수 있다. 사람들이 붐비고 시선을 끌 수 있는 장소에 따라 흥하고 망할 수 있기 때문이다.

우리 내외가 살고 있는 아파트 후문 도로변에 타이탄 한 대가 머물고 있다. 가판대에 쌓아올린 동글동글한 사과들이 개구쟁이들처럼 금새 대굴대굴 구를 것만 같고 바구니에 담긴 빨간 딸기들이 갓 피어난 꽃처럼 생기롭다.

가도의 벚꽃이 눈부시게 꽃 잔치를 벌이던 날, 타이탄 꽁무니에

'성주 꿀사과'란 선명한 간판으로 사과장수와 첫 만남이 있었다.

300세대 남짓한 아파트 주민을 상대로 노점상을 연 것이 석연치 않다는 생각이 처음부터 들어서인지 그 앞을 지날 때마다 눈길이 쏠리고 걱정이 따랐다.

아파트 주민들은 대부분 승용차로 대형마트에서 일상용품이나 식료품을 구입하기 때문에 노점상 과일이 눈에서 멀어지기 마련이다.

그런 사정과는 아랑곳없이 판매대에는 철따라 딸기며 토마토, 수박, 참외, 귤, 오렌지 등이 번갈아 등장한다. 사과는 연중 판매대에서 자리를 잡고 주장노릇을 하고 있다.

과일장사는 생선장사와 진배없다. 제때에 팔지 못하면 시들어버리고 병이 들기까지 하여 시간을 다투는 장사다.

사과장수 아저씨가 처음 노점상을 벌였을 때 퍽 낯설고 어설퍼 보였다.

50대 초반 쯤 되었을까. 큰 키에 용모가 단정해 보였으나 웃음기라곤 찾아볼 수 없는 굳은 표정이었다. 아마도 직장에서 조기 퇴직하고 난후 생계수단으로 시작한 장사가 아닌가 싶었다.

우리가 필요한 과일은 노점상에서 사기로 작정하였으나 지나칠 때마다 손님이 보이지 않고 한산하기만 하여 은근히 걱정이 되었다.

시간이 흐를수록 시들어가는 과일처럼 생기를 잃어가는 아저씨는 무료한 시간을 달래기 위해 판매대 옆에서 서성거리기도 하고 라디오에 귀를 기울이기도 한다. 그 후 햇내기 장사꾼은 시간을 죽이기 위해 판매대에서 운전석으로 옮겨 앉아 핸드폰과 친구가 되어가고 있었다.

장사꾼은 시름을 안은 채 해를 거듭하고 있었다. 요즈음은 운전석에 앉아 스마트폰에 머리를 박고 정신을 빼앗기고 있어 장사는 뒷전인양 싶었다. 차창 앞에서 몇 번이나 손짓을 해야만 겨우 알아차리고 문을 열고 있으니 그나마도 장사 꼴이 말이 아니다.

긴 장마철에는 공치는 날이요 눈보라가 치는 겨울날에는 집안 신세요, 햇볕이 불덩이처럼 이글거리는 여름철에는 과일이 제살을 물려서 폐기처분이요, 그나마 손님의 발길이 뜸해서 근심이 꼬리를 물것이다. 그러니 사과장수에게서 웃음기를 기대한다는 것은 애초부터 그른 일이렸다.

어두운 밤, 바다에 떠있는 집어등처럼 불을 환히 밝히고 손님을 불러보지만 인적이 드물고 썰렁하기는 매한가지. 그러다보니 그 앞을 지날 때마다 아저씨의 헛장사가 내게도 책임이 있는 양 괜스레 마음을 움츠리게 되는 것이다.

그 동안 사다먹은 사과에서 꿀맛을 맛본 적도 없다. 명색이 좋아 꿀사과 간판이지 맛있는 사과를 좌판에 올리지 못하였으니 그도 손님을 쫓는 요인이 아닐까. 판매전략 운운하는 것도 가당찮은 말이겠지만 그나마도 장사 목이 좋지 않으면 상품으로 승부를 걸어야 할 텐데 이도저도 아니니 안타깝기만 하다.

이골이 난 장사꾼처럼 친절과 웃음으로 손님을 끌어당기는 것도 아니고 본심으로만 가판대를 붙들고 있으니 세상인심이 어디 제 마음처럼 호락호락 하던가.

근간에 사과장수 아저씨가 텅 빈 자리를 남긴 채 바람처럼 사라졌다. 행여나 하고 한동안 기다려보았지만 소식이 감감이다. 아예 장사를 거두어 버렸다는 생각이 굳어진다.

사과장수 아저씨의 안부가 궁금하다. 오랫동안 버티다가 기진하여 스스로 가판대를 정리한 것 같아 안쓰럽다. 혹여 목 좋은 곳으로 옮겨가지는 않았는지 그런 생각이 들기도 하고.

그 동안 사람의 기척을 얼마나 애타게 기다렸을까. 얼마나 속이 문드러졌을까. 누군들 목 좋은 곳을 고를 줄 모를까. 밑천이 원수라 버젓하게 과일 상점을 차릴 수도, 목 좋은 곳에 터를 잡을 수도 없었을 것이다.

오죽했으면 발길이 뜸한 한갓진 곳에서 몇 년을 버티었을까. 실패는 가난을 부르기도 하지만 새로운 기회를 잡는 계기가 될 수도 있을 것이다. 다만 굶주림은 질병과 같은 고통이어서 누구나 경계

해야할 악몽인 것이다.

사과장수 아저씨를 처음 대면하던 그때처럼 훈훈한 봄바람이 화사한 벚꽃을 분분히 날리고 있다.

누군가, 사과장수의 축 쳐진 어깨에 '장사의 신'이란 날개를 달아줄 수는 없을까.

화창한 봄 날, 꽃 같은 환상에 잠시 빠져보는 것이다.

곤충밥상

가을하늘은 더없이 푸르고 들녘은 황금물결이다. 목을 추기 듯 가느다랗게 흘러가는 지변천을 따라 걷는다. 느릅내저수지 둑 까지가 산책코스다. 이 길을 유독 좋아하는 것은 인기척에 놀란 왜가리, 청둥오리, 백조들이 날아오르고 메뚜기와 잠자리, 사마귀, 여치, 나비들이 살아서 움직이고 있기 때문이다.

논두렁에 아주머니 몇 분이 벼메뚜기를 잡고 있다. 초등학생 때의 얘기다. 수업을 끝내고 집으로 돌아오는 길에 논두렁으로 들어서는 것이다. 따가운 가을 햇살을 받으며 도망가는 메뚜기를 잡기 위해 정신을 팔기 시작한다.

우선 강아지풀을 준비한다. 메뚜기의 모가지가 헐겁게 되어있어 잡은 메뚜기를 강아지풀에 저장한다. 강아지풀의 머리 부분에 메뚜기의 목이 걸려 빠져나가지 못하기 때문이다. 많이 잡을 때는 강아지풀의 3,4개 정도까지 채울 수도 있다.

집에 돌아오면 어머니가 프라이팬에다 기름으로 튀겨서 먹기도 하고 반찬으로 이용하기도 하였다. 또 찜 솥에 쪄서 말려두면 오래 두고 먹을 수 있었다.

요즈음은 논둑에 아이들이 보이지 않는다. 굳이 메뚜기를 애써 잡지 않아도 먹을거리가 많기 때문이다. 우리가 젊었을 때 요정에 가면 술안주로 메뚜기 튀김이 오를 때가 있었다. 영양가가 높다고 하여 익숙하게 안주로 먹었다.

길에서 뛰어가는 벼메뚜기 한 마리를 잡았다. 메뚜기는 풀색을 보호색으로 하여 녹청색이다. 두 개의 더듬이와 여섯 개의 발을 가지고 있다. 뒷다리는 뛰기에 편리하도록 발달되어 있다. 날개는 황갈색으로 덮여 있고 두 눈은 작은 유리알 같다.

메뚜기는 사람의 낌새를 알아채면 뛰어서 벼 잎 뒤로 숨거나 멀리 날아가기도 한다. 손이 재빠르지 않으면 잡기가 힘들다. 벼메뚜기는 어린이용 장난감처럼 작고 귀엽다.

최근에 신문 기사를 읽은 기억이 떠오른다. 흥미와 관심을 끌 수 있는 기사다. '곤충이 식량의 미래다.'란 제목으로 유엔이 세계적인 기아문제에 대처하기 위한 새로운 식량원으로 곤충을 추천하였다고 한다. 곤충은 단백질, 지방, 미네랄 함량이 높은 우수한 식량원이라고 하였다. 연구결과는 단백질, 칼슘, 철분 함량이 소고기보다 같거나 많다고 하였다. 곤충섭취는 영양부족에 시달리는 어린이들에게 도움이 된다고 하였다. 보고서에 따르면 지금 전 세계의 20억 명이 곤충을 먹고 있지만 서구권 소비자들이 꺼려서 곤충을 식용으로 이용하는데 장벽이 되고 있다고 한다. 납부아프리카에서는 애벌레요리가 최고 대접을 받는다고 한다. 또한 식용곤충양식은 소, 돼지 가축사육보다 이산화탄소 및 암모니아 가스 배출이 훨씬 적어 지구의 온난화를 막는데 유리하다고 한다.

어릴 때 메뚜기와 누에의 번데기 같은 것을 이미 많이 먹어 온 기억이 새롭게 떠오른다. 풍요로운 황금들을 바라보면 우리와는 아무런 관계가 없는 것처럼 들리지만 식량문제는 사실상 심각한 문제다. 지구상에서 1초에 영양부족으로 사망하는 어린이가 5명이나 된다고 하니 곤충의 식량문제도 깊이 있게 연구개발 하여야 할 것이다. 배부른 우리에게는 한갓 수치에 불과한 것 같지만 기아문제는 지구인 스스로가 해결할 과제인 것이다.

둑방길에는 흑색의 메뚜기가 놀라 뛰기도 하고 새끼 밴 한 마리가 자전거에 치여 널브러져 있다. 사마귀와 각종 곤충들이 사람들의 발에 밟혀 죽어있는 것이 애처롭다.

귀여운 메뚜기가 수컷을 업고 짝짓기를 하면서 힘들게 뛰고 있다. 짝짓기가 끝나면 논둑에다 백여 마리의 알을 묻어 둔다. 이듬해 8,9월에 성충이 되어 논으로 뛰어든다. 이들은 타고난 숙명을 거스르지 않고 해마다 종족번식의 소임을 다하고 있다. 농약살포가 시작되면서 쌀 생산량은 늘어났으나 메뚜기의 수는 극감하고 있다.

가을 들녘은 평화롭고 여유롭다. 갑자기 후두둑 소리를 내며 청둥오리가족들이 하늘로 치솟았다. 사람과 먼 거리를 두고 다시 내려앉는다.

만일 사람들이 곤충을 식량으로 장려하여 주식으로 오래 사용한다면 곤충의 유전자를 물려받아 사람들도 두 개의 더듬이와 여섯 개의 다리, 날개를 갖추어 하늘을 자유롭게 날아다니며 인간의 문명을 소멸시키고 신 공용시대를 열지 않을까하고 상상해 본다.

곤충이 뛰노는 둑방길을 걸으며 곤충이 밥상에 오를 날을 점쳐보니 아직은 여유롭고 행복에 겨운 듯하다.

작은 시냇물과 풀숲과 논을 끼고 있는 둑방길은 곤충의 나라다. 빨간 고추잠자리가 짝짓기를 하며 유유히 날고 사마귀, 여치, 노린재, 메뚜기, 실잠자리, 범나비도 날고 있다. 지구의 생명체는 20분마다 한 종류씩 소멸한다고 하니 앞으로는 곤충의 시대가 오지 않을까.

마음껏 뛰놀고 마음껏 번식해라. 너희가 사람들의 밥상을 차지할 때까지 자유와 평화를 만끽하라.

짝짓기 하는 메뚜기 한 쌍이 사람의 발소리에 놀라 우왕좌왕한다. 그들을 서서히 풀숲으로 안내한다. 보잘 것 없는 생명체라도 자연의 섭리를 거스르지 않도록 배려해야하지 않을까. 결국 그들도 인간과 같이 사랑의 열정으로 종족번식을 거듭하고 있기 때문이다.

곤충의 밥상! 방아깨비 한 마리가 무슨 소리냐며 때까! 때까! 소리치며 코앞으로 날아가고 있었다.

닭의장풀

아파트단지 정문 도로변에 빨간 우체통 세 개가 나란히 서 있다. 언뜻 보기에는 배불뚝이 우체통같이 생겼지만 실은 우체통이 아니다.

아파트정문은 차량출입이 빈번하여 사고위험률이 높은 편이다. 그런데 일부 염치없는 주민들이 입구 도로변에 차를 무단히 세워서 시야를 가리게 되어 사고율을 높이고 있다. 해서 아파트 관리사무소에서 주차금지를 시킬 요량으로 드럼통처럼 생긴 플라스틱 통을 세워둔 것이다. 그러나 일부 주민들은 드럼통 옆에 여전히 차를 세워서 오히려 도로를 잠식하고 있는 형편이라 드럼통의 용도가 무용지물이 되어 버렸다.

어느 날이었다. 배불뚝이 빨간 드럼통 위의 콧구멍 같은 작은 구멍을 통하여 마치 아기 손처럼 풀잎이 나불거리고 있었다. 하도 신기해서 주변을 살펴보았다. 드럼통의 높이는 대충 1미터 정도이고 통 아랫부분에 30센티 정도의 흙을 채워서 통을 고정시켜 놓았던 것이다. 그런데 그 속에 풀씨가 들어가 있었던 모양이다. 풀씨가 드럼통 안에서 발아하고 촉수를 혼신의 힘으로 곧추세우고 허공에다 길을 내며 햇빛과 바람결을 따라 키를 한껏 세운 것이다. 본래 닭의장풀은 비스듬히 자라는 습성을 가지고 있는 풀인데 1미터 정도의 키를 세우기 위해 안간힘을 다하여 생명력의 본성을 십분 발휘한 것이다.

얼마나 지났을까. 여러 가닥의 풀줄기가 드럼통 위를 뚜껑처럼 덮으며 풀잎이 춤추듯 나풀거리고 있었다. 풀잎사이로 새끼손톱만한 앙증스러운 짙푸른 꽃이 수줍게 웃고 있었다.

색상이 눈부시고 보석처럼 반짝이고 있어 귀엽고 사랑스러웠다. 풀줄기의 마디는 굵게 매듭이 지어졌고 잎은 타원형이고 끝이 뾰족하다. 꽃잎은 둥근 귀처럼 양쪽으로 열려있었고 아래쪽에는 작은 흰 꽃잎이 보이고 수술은 노란 색이었다. 분명 생의 목적을 달성하기위해 열악한 환경을 이겨내며 꽃을 피워낸 것이다. 마치 잡초의 근성을 과시하기라도 하듯이 닭의장풀은 씨받이를 하기위해

온 열정을 꽃피우기에 바쳤던 것이다.

누구의 손짓에 이끌려 키를 세우고 꽃을 피워낸 것이 아니라 타고난 근성과 천성으로 꽃을 피워낸 것이다. 잡초의 근성으로 삶의 본성을 실천에 옮긴 것이다. 마치 무수한 군상 속에서 치열한 경쟁을 이기고 일어선 장한 사람을 보는 듯 뿌듯한 느낌이었다.

닭의장풀은 흔히 들이나 농가주변에 많이 서식하는 잡초다. 일설에는 닭장 옆에 많이 자라고 있다고 하여 닭의장풀이란 이름을 붙여 주었다고 한다. 나물로도 먹으며 약초로도 쓰인다고 한다.

잠시 생각에 잠긴다. 나는 과연 닭의장풀처럼 치열하게 인생을 살아온 것일까. 닭의장풀의 끈질긴 생명력에 비해 미진했던 자신을 돌아보게 되는 것이다.

아파트주민들은 오늘도 빨간 드럼통 옆에 차를 세우고 유유히 사라진다. 무관심한 사람들이 드럼통위로 뻗어나간 닭의장풀 속에서 깜찍하게 피워낸 꽃을 보지 못하였을 것이다. 그처럼 빨간 드럼통의 경계 물도 아예 관심 밖으로 밀려나 있을 것이다.

어쩌면 세상은 서로의 무관심속에서 잡초처럼 저마다의 생명력을 키우고 있는 것이 아닐까. 잡초더미 속에서 나름대로 꽃을 피우며 생명력을 지켜 나가듯이 나도 잡초더미 속에서 한 알의 씨앗이 되어 있는 것이려니.

닭의장풀처럼 자연의 이치와 생명력은 영원히 풀 수없는 수수께끼로 남을 것이다.

누군가 닭의장풀의 앙증스럽고 눈부신 꽃의 색상을 천천히 들여다보았는가. 역경을 딛고 일어선 용사처럼 그의 강렬한 생명력과 꽃피움에서 보잘것없는 잡초의 지고한 이상을 발견할 수 있을 것이다. 절로 감탄이 터지는 것이다. 꽃을 자세히 들여다 보면 그의 미소와 천성과 지혜의 목소리를 들을 수도 있을 것이다. 하찮은 잡초에서 생존의 의미를 음미할 수도 있으려니.

세상이란 잡초더미 속에서 사람들은 잡초처럼 뒤엉키어 시샘하듯 살아가고 있는 것이다. 한 송이 꽃을 피워내기 위해서.

오늘도 빨간 드럼통위의 닭의장풀이 제 철을 만난 듯 싱싱하게 줄기를 뻗고 꽃을 피우고 있지만 피곤한 주민들은 또 무심히 차를 드럼통 옆에 바짝 세우고 유유히 사라질 뿐이다. 잡초와 잡초가 무관심속에서 치열한 경쟁으로 살아가듯이 우리도 그 속에 묻혀 살아가고 있다.

잡초를 찬찬히 살펴보아라. 저마다 아름다운 꽃을 피우고 있을 것이니.

오늘따라 닭의장풀의 짙푸른 꽃이 화려한 보석처럼 더욱 빛나고 있는 것이다.

동궁시대

우리들의 동궁시대는 푸른 가슴에 불을 지폈던 황금기였다. 비록 가난이 목을 죄고 어둠과 같은 절망의 늪이 가로 놓여 있었지만 우리들은 출렁이는 파도처럼 마냥 설레었다.

파란 하늘과 쪽빛 바다, 건넷불 모래사장, 육지의 섬 육향산, 봉황산의 벼락바위, 생명의 젖줄 오십천, 통통거리며 드나들던 어선들, 부산한 오징어 말리기가 우리들 정신세계의 토양이 되어주었고 문학의 줄기를 자라게 해 주었다.

정라진에 동궁다방이 자리 잡고 있었다. 지금의 삼척 수협 뒤편에 있었던 동궁다방은 넓고 아늑하기로 소문나 있었다. 이곳이 우리들의 쉼터였고 문학의 산실이기도 하였다. 책을 읽고 문학의 담론을 주고받으며 동예동인들이 모여 문학합평회를 하던 곳이다. 동예문학의 출발은 삼척문화원에서 불우소년들을 가르치던 선생들이 주축이 되어 발기하였다. 정라진 출신으로는 도향, 육산, 청암이 합류하게 되었다.

우리들은 고방에 쥐 드나들듯이 문학의 꼬투리를 물고 부지런히 동궁다방을 들락거렸다. 한 때는 '한국의 비극'을 발표한 김장수 소설가를 만나 시와 소설을 지도받기도 하였다. 당시 도향은 우리들의 앞장에 서 있었다. 그에게서 다이빙을 배우고 음악을 익히고 문학서적을 제공받을 수 있었다. 셋은 형제처럼 어울렸다. 통금이 임박하면 가까운 문우 집에 들려 밤을 지샜다.

도향은 당시 유행하였던 마리오란자나 스테파노의 노래, 가곡을 우리에게 전수시켜 주었고 조리 있게 문학이론을 펼쳐 보이기도 하였다. 도향은 가창력이 뛰어났다. 술집에서는 그의 노래가 주메뉴였다. 차라리 성악가로 진출하였으면 하고 기대하기도 하였다. 밤낮없이 문학서적만 끼고 다니는 아들을 보다 못한 부친께서 어느 날 문학서적을 몰래 고물상에 팔아 넘겨버렸다. 외출에서 돌아온 도향이 혼비백산하여 고물상으로 달려가 대충 문학서적을 건져온 사건도 있었다. 가난을 벗어나기 위해서는 문학과 담을 쌓아야 하는데 아편 중독자처럼 문학에만 빠져있었으니, 문학만이 인생의 꿈인양 매달려 있었다.

나는 도향이 소장하였던 서적 중에서 몇 권의 창간호를 몰래 빼돌려 지금까지 간직해 오고 있다. 곰팡이 냄새가 풍기고 자칫 바스라질 것 같은 오랜 문집이 내 문학의 꿈을 접지 못하게 한 장본인들이다.

동예문학회를 발기했던 갈산 형은 오래 전에 우리 곁을 떠났고 창로 형과 육산은 서울에서 생활하고 육산은 정치활동을 마무리하고 수필가로 등단했다. 강릉에 체류하고 있는 청암은 수필창작에 매달리고 있으니 뿔뿔이 흩어진 셈이다. 도향은 삼척에서 시를 창작하며 지역문단에서 문학 활동을 하였으나 끝내 등단을 거부한 고집쟁이였다.

청년시절 어느 겨울 날, 도향과 죽이 맞아 만취상태에서 어깨동무를 하고 '오 맑은 햇빛 너 참 아름답다. 폭풍우 지난 후 너 더욱 찬란해…'를 소리 높여 부르며 그의 집으로 들어섰다. 새벽에 갈증이 나서 눈을 떴다. 아뿔싸! 이게 웬일인가. 도향과 내가 누웠던 이부자리 복판에 큰 요강만한 오줌이 질펀하게 원을 그리고 있지 않은가. 그의 팬티와 내 팬티를 만져보았지만 오줌은 한 방울도 묻지 않고 말짱했다. 그렇다면 누구의 소행이란 말인가. 귀신이 곡할 노릇이었다.

살림솜씨 좋은 도향의 큰 누이동생이 풀을 빳빳이 먹이고 솜으로 누빈 새 요인데 그 위에다 질펵하게 실례를 해 놓았으니 낭패가 이만저만이 아니다. 도망치는 것이 범인으로 낙인찍힐 것이 뻔하지만 그렇다고 그의 누이를 쳐다볼 용기는 더더욱 아니라 줄행랑을 칠 수 밖에 없었다. 오줌싸개 사건은 그 후에 여러 번 얘기가 오고갔지만 끝내 범인을 색출해내지 못한 채 미궁으로 빠지고 말았다.

당시 획기적인 사건 하나가 또 있었다. 흡연연습이었다. 육산집 가게에서 봉초 한 봉지를 몰래 훔쳐 골방에서 신문지로 말아서 피우며 콜록거리기도 하고 냉수를 마셔가며 열중하였다. 나는 담배의 쓴맛에 고개를 저으며 포기해 버렸지만 도향과 육산은 초지일관 뜻을 굽히지 않고 성공하더니 그들은 후일 골초란 이름을 달게 되었다. 냉수를 마셔가면서까지 담배를 꼭 배웠어야 했는지.

노총각이었던 도향이 김천아가씨와 혼약을 맺게 되어 모처럼 경사가 났다. 함을 지고 가는 날 육산과 청암이 예비신앙과 동행했다. 난생 처음 김천 땅을 밟게 되어 설레기까지 하였다. 그 후 도향 내외는 두 아들을 얻게 되고 이들은 아빠엄마를 쏙 빼 닮은 공동창작품이라 보기에 좋았다.

도향은 떠났지만 정라진에는 구석구석 낯익은 골목과 산등성이 가옥들이 옛 추억을 되살려주고 있다. 그러나 젊은 시절의 문학에 대한 열정과 청춘만이 소유하였던 무지갯빛 꿈도 파도의 포말처럼 아스라이 사라지고 있다. 세월을 이겨낼 장사가 없듯이 우리들의 시대도 서서히 막을 내리고 있다. 이제는 지나간 시간들을 추스릴 수도 없고 세월의 무상 앞에 무릎을 꿀 수밖에.

도향 문우야! 세상에서 고단하였던 삶 다 내려놓고 하늘나라에서 영원한 안식을 누리게나. 우리들의 빛나고 설렜던 동궁시대를 회상하며 평안을 찾게나. 훗날 하늘나라 꽃피는 정원에서 다시 만나 그간 밀렸던 얘기나 실컷 해 봄세. 이경국 친구, 편히 쉬게나.

난시의 변

눈은 사물을 식별할 수 있는 거울이요 아름다운 세상을 감상할 수 있는 인체의 보석이다. 그 빛나는 보석이 빛을 띄우지 못하고 흐려있어 걱정을 안고 산다.

유전으로 난시를 타고 났다. 그것도 거미줄 같은 금이 복잡하게 얽혀있는 난시로. 난시란 각막의 구면이 고르지 않아 광선이 망막 위의 한 점에 모이지 않아서 물체를 바르게 볼 수 없는 상태라고 한다.

어릴 때의 일이다. 어머니는 쌀독이 비게 되면 이모네나 외삼촌 댁으로 쌀을 꾸러 보낸다. 큰 바가지에 쌀을 담아 오다가 돌부리에 걸려 넘어지면서 땅바닥에 쌀을 엎지르게 된다. 엄마에게 혼날 일도 걱정이지만 당장 끼니를 굶을 것 같아 눈물이 쏟아진다. 돌싸라기와 범벅이 된 바가지를 내밀자 엄마의 호통이 떨어진다. "야! 이놈아, 눈을 어디다 두었어, 한눈팔지 말고 오라고 일러주었지. 눈은 가죽이 모자라 뚫어 놓은 줄 알아, 앞을 바로 보라고 뚫어 놓은 것이지." 엄마의 꾸지람이 인생을 살아오면서 잠언이 되기도 하였지만 난시로 인해 내겐 가죽이 모자라서 뚫어 놓은 눈이 되고 말았다.

중학생 때다. 수업시간에 선생님이 써놓은 칠판글씨가 오락가락하여 옆자리의 친구노트를 베껴 쓰기 일쑤였다.

논산훈련소에서 사격 훈련을 할 때다. 가늠자를 통한 목표물이 아지랑이처럼 아물거려 정조준을 할 수 없었다. 조교로부터 혼이 나면서 불합격의 영예를 안기도 하면서.

직장생활이란 전쟁터에서 생긴 일. 하루는 가까운 거리에서 낯익은 사람을 만났는데 아는 사람 같기도 하고 사장님 같기도 하여 누군가 하고 빤히 바라보다가 그 사람은 지나가 버리고 말았다. 나중에 알고 보았더니 사장님이었다. '과장이란 작자가 사장을 뚫어지게 째려보면서 인사를 하지 않는 건방진 놈이 아니냐.' 하는 것 같아 마음이 편치 않았다. 그렇다고 사장님 꽁무니를 쫓아가서

해명할 수도 없는 노릇이고. 상사들에게도 그런 실수를 반복 하였으니 인사고과에 반영되었는지는 알 수 없었지만.

세월이 깊어질수록 난시란 놈도 늙어가는 모양이다. 요즈음은 안경의 효력도 떨어지고 있어 실수를 저지를 때가 한두 번이 아니다. 길거리에서 만나는 사람의 얼굴도 식별이 잘 되지 않아 인사를 건성으로 하다 보니 오해가 많으리라고 짐작이 간다.

인사란 상대를 알고 친분의 정도에 따라 인사말이 오고가야 하는데 적당하게 두루 뭉실 응답하다보니 항상 뒤가 무지근하고 개운치 않을 때가 많다. 어느 날, 앞에서 오는 사람이 동창생 같아 손을 덥석 잡고 흔들며 "야 임마! 얼마만이냐? 나 박상걸이야, 반갑다." 하면서 어깨를 툭툭 치면서 야단을 떠는데 상대가 어안이 벙벙한 표정으로 "저는 모르는 분인데요." 하지 않는가. 자세히 보았더니 분명 낯선 사람이었다. 사과는 물론이었지만 창피한 내 꼴이란. 그 외에도 난시로 인해 실수의 연속이다.

나는 초승달 같은 실눈에다 난시를 겸한 상태라 남을 확인할 때는 실눈을 부릅뜨고 봐야하기 때문에 어떤 사람은 나를 가리켜 눈빛이 날카롭고 카리스마가 있다고 추켜세우기도 한다. 하지만 솔직히 말하자면 카리스마적인 성격도 못되거니와 남을 식별하려면 최대한 눈을 부릅떠야 하기 때문에 째려본다고 해야 어울리는 말일 것 같다.

세상살이도 난시처럼 어림짐작으로, 불확실성으로 살아 온 것 같다. 인생이란 자신의 발밑부터 먼 곳까지 시야를 넓혀서 사유하고 판단하여 계획을 세워서 실행해야 하는데 확실하게 보이는 발밑에만 의존하다보니 배포도 없고 매사에 우유부단하고 난시처럼 분별력이 없어 좋은 기회도 놓치고 나에게 떨어진 밥그릇도 남에게 넘겨주기도 하면서 어영부영 살아 온 것 같아 허탈해지기도 한다.

살아온 세월이 난시처럼 헛것을 보는 경우가 많아 추측, 오해 같은 것으로 갈등을 빚기도 하였으나 이제는 모든 시행착오로부터 해방되고 싶은 것이다.

돌이켜보면 난시처럼 어지럽게 쳐놓은 그 시대의 그물망 속에서 탈출을 시도하여 새 세상으로의 도약이 나에게 주어진 삶의 몫이 아니었든가 싶다.

속초 아바이 마을

속초 아바이 마을은 청호동 옛 선사시대의 갯벌에서 움막으로 시작하여 현재에 이르는 마을이다. 함경도에서 찾아온 피난민들이 다닥다닥 모여 살며 모진 세월을 이겨낸 마을이다. 실향민들이 300~400가구가 모여 살았다. 초기에는 재목 하나 구할 수 없어 이들은 허허벌판 모래사장에 허리 정도의 깊이로 땅을 파고 창문과 출입구만 땅 위로 노출시켜 토굴 같은 움집을 짓고 살았다. 실향민의 서러움이었다.

주민들은 대부분 어업에 종사하면서 생계를 꾸려나가는 어촌마을이었다. 아바이마을은 함경도에서 내려온 피난민들이 많아 이들이 일상으로 사용하던 '아바이'란 용어를 본떠서 아바이마을이라 부르게 되었다.

고기잡이와 고기를 말리는 덕장을 운영하면서 자식들을 키우고 교육시켰다. 의지할 데가 없었던 이들은 온 몸으로 세파에 부딪치며 견디면서 어려운 환경을 헤쳐 나갔던 당찬 사람들이다. 북한이 수복되면 빨리 돌아가야 된다는 일념으로 한곳에 뭉쳐 살게 되었던 것이다. 그래서 이곳 실향민들은 몸은 청호동에 매여 있지만 마음만은 늘 뜬구름처럼 두고 온 고향으로 넘나들고 있었다.

실향민 1세대들은 이미 8~90노령이 되었고 2~3세대들 중에는 큰 도시로 많이 이주하고 또 속초시내로 빠져나가고 하여 조용한 마을이 되었다.

아바이 마을의 명물은 갯배다. 청호동 아바이 마을과 속초 시내를 이어주는 갯배는 지금은 관광 상품으로 인기를 모으고 있지만 실향민들의 애환을 실어 나르던 청초호의 뱃길이기도 하다. 아바이 마을의 자랑거리가 또 하나 있다. 북청사자놀음이다. 중요무형문화재 15호인 사자놀음은 함경도 피난민들에 의해 1966년도 전국민속예술경연대회를 계기로 널리 알려지게 되었다. 그 후 보존회가 구성되어 오늘에 이르렀는데 실향민들의 고향을 상징하는 민속놀이의 하나로 자리매김하고 있다.

고향을 두고 떠나온 지 60여년의 세월이 흘렀다. 이제 고령의 실향민들은 북에 두고 온 가족친지와 재회를 학수고대하고 있는 것이다. 바로 이산상봉의 날이 코 앞에 다가왔기 때문이다.

이산가족상봉은 정치성을 초월하여야 한다. 이들의 상봉은 수시로 만날 수 있는 장소를 상설하여 연락이 닿는 사람부터 제약 없이 만났으면 한다. 생이별의 슬픔과 안타까움을 다소나마 씻어주고 위안을 주기 위해서 이산가족상봉은 통일로 가는 순위에서 첫 손가락에 꼽아야 한다.

몇 년 전 갯배를 타고 아바이마을을 왕래하면서 실향민의 깊은 시름을 느낄 수 있었다. 나의 고향 삼척 정라진에서 삼척기차역으로 건너가기 위해 강배가 다녔다. 나룻배를 타고 건너면 7번국도와 만나게 되어 북으로는 시내와 통하고 남으로는 호산을 거쳐 울진까지 연결되는 국도가 뻗어 있었다. 정라진에는 함경도 아바이들이 많이 살고 있었다. 실향민 여자들이 이 갯배를 이용해 고기다라이를 이고 팔기 위해 도계, 태백 등지로 왕래하였다.

우리 옆집에도 함흥에서 피난 온 아바이 가족들이 살고 있었는데 그 분들과 함께 우리 어머니도 고기 배를 따고 말리고 팔러 다니면서 고생을 나누며 살았다. 자식들은 어울려 어깨동무 하며 학교를 오갔다. 철모르던 유년시절의 정경이었다.

이제 속초 아바이마을의 갯배는 예술단체에서 갯배문화재로 지정하여 실향민의 생활과 문화를 체험할 수 있는 전시회까지 열리고 있다. 실향민들의 아픔은 한국현대사의 아픔이다. 실향민들의 슬픔과 한을 달래주고 위안을 주는 것은 우리의 어그러진 역사를 어루만지는 것이다.

이상가족상봉의 날이 몇 년 만에 이루질 전망이다. 몇 년 전 적십자사의 통계에 의하면 이산가족상봉신청자 수가 12만명이 넘는다고 하였다. 신청자 가운데서 약 3분의 1인 4만여명이 이미 고령으로 혈육의 정을 나누지 못하고 세상을 떠났다고 한다. 해마다 1000여명씩 상봉을 한다고 해도 8만여명이 넘는 이산가족의 꿈을 이루려면 무려 80년의 세월이 걸린다고 하니 어안이 벙벙해질 수밖에. 결국 꿈밖의 꿈이 되고 말 것이 아닌가.

남북통일은 우리의 주권회복이요 외세를 경계할 수 있는 유일한 울타리가 되어 줄 것이다. 통일이 되어 민족의 동질성을 회복하여 정치, 경제, 문화, 시회전반으로 통일을 이룬다면 세계로 뻗어나갈 수 있는 우수한 국가가 될 것이다.

하루라도 발리 평화통일을 앞당겼으면 좋겠다. 통일이 되어 청호동 아바이마을 주민들이 어깨춤을 덩실덩실 추며 마음껏 북청사자놀음을 펼치고 북치며 꽹과리 두드리는 신나는 날이 오기를 고

대해본다.

통일의 잣대가 속초시 청호동 아바이마을이 해방되는 그날이다. 그 환희의 날이 어느 날 꿈처럼 빨리 찾아왔으면 좋겠다.

3부

마음의 흐름

가자미처럼 _

장미 한 송이 _

섬나라의 광기 _

신라 천 년의 숨결 _

목련화 지다 _

문학과 아토피 _

비닐봉지의 가벼움 _

왕잠자리 _

축구공은 둥글다 _

다인종 다문화시대 _

동일 장칼국수 _

가자미처럼

가자미로 태어나 가자미처럼 납작하게 살았다. 숨도 제대로 쉴 수 없는 물밑에서 접시처럼 엎디어 살았다.

넓은 바다가 두려워 선 듯 멀리 헤엄쳐 보지도 못한 채 곁눈질하며 몸을 사렸다. 주위에는 늘 위험이 도사리고 있어 한시도 마음을 편히 가질 수 없었다. 귀신같은 발로 숨통을 죄는 문어와 잽싸고 날카로운 이빨의 상어와 통째로 먹이를 들이키는 고래와 같은 무시무시한 사냥꾼들을 피하기 위해 주위를 두리번거리며 조심조심 살았다.

그러다 보니 눈은 사시로 변했고 세상물정을 제대로 파악하지 못하여 동네 주변만 맴돌며 살았다. 겁쟁이인 나는 다급해지면 모래톱 속으로 숨기도 하고 눈에 띄기 쉬운 하얀 배는 바닥에 깔고 거무스름한 등을 보호색으로 하여 사냥꾼들을 따돌리며 위기를 모면하기도 하였다. 모래톱에 엎드려 플랑크톤이나 갑각류, 작은 조개 등을 잡아먹으며 연명했다.

그물망에 갇힌 것처럼 조심스럽게 살면서도 꿈 하나는 버릴 수가 없었다. 햇빛이모래 바닥까지 들어와 우리 동네를 수정같이 환하게 밝혀주는 물 밖의 세상을 간절히 보고 싶었던 것이다. 기회가 오면 햇살 쏟아지는 세상으로 나가 오색무지개가 걸리는 아름다운 세상에서 마음껏 헤엄치며 살고 싶었다. 요즈음은 사람들이 저질러놓은 공해 때문에 먹이들이 줄어들고 숨쉬기조차 힘들어졌다.

해안을 풍요롭게 가꾸어 주었던 미역, 소라, 성게, 전복, 해삼들도 백화현상이 일어나고 사막화되면서 이들 생명체들이 점점 자취를 감추고 있다. 반짝이는 에메랄드빛, 청정바다에서 듣도 보도 못하던 몹쓸 쓰레기와 폐수가 바다로 숨어들어 살아있는 생명체들을 야금야금 잠식하면서부터 빛을 잃게 되었다.

그 뿐이랴 사람들 밥상의 진객이었던 명태, 이면수, 고등어, 꽁치, 대구 등도 얼굴을 마주하기가 힘들어졌고 이젠 낯선 이름이 되어가고 있다.

바다가 죽으면 육진들 무사할 수 있을까.

분이 네와 이웃들도 떠나서 마을은 모래무덤처럼 썰렁해졌다. 하루 종일 모래를 뒤지며 먹이를 찾아보지만 끼니를 거를 때가 점점 늘어나고 있다.

그러던 어느 날, 군침을 삼키게 하는 먹이가 눈앞에서 알찐거리는 것이 아닌가. 이때다 싶었다. 공짜먹이가 눈앞에서 살랑거리는데 놓칠 수야 없지 않은가. 날쌔게 먹이를 챘다. 순간의 선택이 꿈에도 그리던 밝은 세상으로 뛰어오르게 한 것이다. 환희다! 아름다운 세상을 보게 되는구나. 하지만 꿈은 잠시뿐, 사람들이 유혹한 낚시에 걸려 버둥거리게 되었다. 필사적으로 발버둥 쳐 보았지만 꿈은 유리파편처럼 산산 조각나고 사람들의 웃음소리만 귀를 울렸다.

끝내는 '남항진 어촌식당'수족관으로 끌려가게 되었다. 좁은 수족관 안에는 같이 잡혀온 이웃들과 재빠른 오징어아줌마, 굼뜬 우럭아저씨도 붙들려 와 죽음을 기다리는 사형수 신세가 된 것이다. 아무런 죄명도 없이.

식당주인 아주머니는 손발이 잽싸고 부지런하다.

이 집의 인기 종목은 가자미회무침과 회덮밥이다. 날카로운 난

도질로 육신은 갈기갈기 찢기고 토막 나서 큰 그릇에 담겨지고 생살에다 시고 매운 붉은 초장을 쏟아 붓고 양파와 양배추를 버무려 회무침으로 둔갑하게 된다. 육질은 단백하고 단백질도 풍부하고 잔뼈가 오독오독 씹히는 맛에 순번 대기표를 받고 기다려야 한다.

문우들과 이따금 남항진을 찾는다.

남항진과 안목을 이어주는 '솔바람다리'가 오작교처럼 아름답게 걸렸고 더부룩한 죽섬이 엎드려서 바다를 응시하고 있다. 파도소리, 갈매기소리로 귀를 달래고 그네에 앉아 마음을 흔들어 보기도 하고, 먼 수평선으로 시선을 던지기도 한다.

황금모래사장에서 개구쟁이 동무들과 뛰놀기도 하고 인어처럼 파도를 타고 멀리 헤엄쳐 나가기도 하면서 수평선너머 미지의 세계를 동경하던 깜둥이시절. 쉼 없이 너울거리며 밀려오는 파도의 열정과 해조음의 파장에 가슴 설렜던 젊은 날의 추억을 그리워하기도 한다.

이제는 경포와 안목과 남항진이 이어져 주말이면 자동차와 사람들이 북적이고 음식점, 카페들이 성시를 이룬다. 우리 가족은 입맛이 궁할 때 솔바람다리 입구에 자리하고 있는 남항진 어촌식당을 찾아간다. 상큼하고 부드러운 가자미의 육질과 잔뼈를 자근자근 씹으며 회무침의 진미를 맛보기도 한다.

가자미는 구워서, 끓여서, 쪄서 먹기도 하고 회로, 식혜로 뼈까지 몽땅 사람들의 입으로 들어가게 되는 것이다. 그러나 가자미는 하늘의 무심함과 억울함이 남아 죽어서도 눈을 감지 못한 채 사람들의 입을 흘겨보며 원망의 눈길을 거두지 못하고 있는 것이다.

내 인생도 가자미처럼 살아온 것 같다. 가자미처럼 용기가 없어서 먼 바다를 헤엄쳐 나가 보지도 못하고 나라 안에서만 맴돌았다. 문어처럼 은밀하게 다가가 흡혈귀 같은 다리로 목을 죄는 음흉한 술책도 물려받지 못하였고 상어처럼 톱니 이빨로 먹이를 두 동강 내는 민첩함과 잔인함도 배우지 못하였다. 고래처럼 유유히 헤엄치며 먹이를 통째로 삼키는 배포와 능력도 갖추지 못한 죄로 숨죽이며 살았다.

세상살이에 서툴러 가자미처럼 납작 엎드려 살면서 불만이 가득한 사시 눈으로 얼마나 많은 사람들을 흘겨보며 살았을까.

담백하고 부드러운 가자미의 속살을 씹는다. 뼈까지 오독오독 씹으며 입맛을 연신 다신다. 가자미회무침이 참 맛있기도 하다. 감칠맛 나는 진 맛을 언제까지 누릴 수 있을 런지,

아무도 그 시한을 장담할 수 없지 않을까.

주제

육지의 공해 쓰레기와 폐수가 바다에 버려지고 있다. 바다의 사막화가 진행되면서 바다생물의 소멸을 부르고 있다.

바다의 죽음은 땅의 죽음을 의미하기도 한다. 가자미의 습생을 통하여 바다생태계의 파괴를 경고하고 인간세계에 경종을 울리고 있다. 가자미의 일생과 작가의 생활을 비교해보면서 생명존중에 대한 경각심을 일깨우고자 하였다.

장미 한 송이

새봄을 맞이하여 겨우내 쌓였던 먼지를 털어내고 마음 밭에 꽃씨를 뿌린다. 꽃을 가꾸어 더러는 누구에겐가 전하고 싶고 받고 싶을 때가 있다. 아마도 끝없이 이어지는 삶의 웃음과 울음 때문이리라.

젊어서는 꽃바람을 많이 타게 된다. 지인으로부터 초청을 받았을 때, 거래처 사무실을 방문하거나 문우가 문학상을 수상했을 때, 졸업식이나 동료, 상사가 승진하였을 때, 생일잔치에 초대받았을 때 병상이나 장례식장, 무덤 앞에 설 때 꽃을 바치는 것은 기쁨과 슬픔을 함께 나눈다는 정리가 담겨있는 것이다. 작가는 문학상을 수상할 때 받는 꽃다발이 최고의 영예요 보람일 것이다.

울적한 연말, 이메일에 붉은 장미 한 송이가 홀연히 떴다. 눈 덮인 하얀 산을 배경으로 우아한 여인의 맵시로 피었다. 마치 생화를 보는 듯 반가웠다. 존경하는 원로 평론가께서 보낸 새해 메시지인 것이다. 꽃은 생명의 빛이다. 장미를 마음에 담아두고 이따금 열어보면서 해를 넘기게 되었다. 선생님이 손수 그린 장미꽃을 아예 복사를 하여 책상 정면에 붙여놓고 감상하고 있는 것이다.

장미를 바라보노라면 선생님의 친근한 숨결을, 고고한 정신이 전이 되는 것 같아 마음이 가다듬어 지기도 한다. 생화는 갓 태어난 생명처럼 생기롭지만 쉬 저버리는 아쉬움이 남는다. 하지만 그림 장미는 붉은 열정과 품위를 오래 지켜주고 감상의 즐거움을 지속시켜주어 좋다.

피천득 선생님의 수필 '장미'에 눈길이 쏠린다.

> 장미 일곱 송이를 사서 들고 전철을 기다리다가 'Y'를 만나 병중의 부인에게 주라고 두 송이를 주었다. 또 'C'의 하숙집을 찾아가 장미 두 송이를 꽃병에 꽂아주었다. 또 걸어가다가 'K'를 만났다. 애인을 만나러가는 'K'가 장미를 탐내는 것 같아서 나머지 세 송이를 모두 주고 말았다. 그 꽃 일곱 송이를 내가 주고 싶어서 주었지만, 장미 한 송이라도 가져서는 안 되는 것 같아서 서운하다.

고 하였다. 가진 것을 다 주고 난 다음의 허전함 때문이 아닐까 공감이 간다.

꽃을 주는 것도 기쁨이지만 받는 것 또한 기쁨이다. 장미 한 송이를 보내주신 선생님께 또 한 해를 보내며 새해 인사를 드린다. 장미꽃처럼 생기롭고 건강하게 오래도록 생존하시면서 한국문단을 지켜주기를 간곡히 기원한다.

새해에는 글밭에 장미를 심어보기로 작심해 본다. 글을 통하여 이웃에게 장미꽃 같이 아름다운 위로와 기쁨을 나누어주고 싶어서이다. 빨강, 노랑, 보라, 흰 장미가 담긴 글을 많은 사람들에게 전하고 싶은 것이 꿈이기도 하다.

12월 초, 문학창작 강의가 끝나는 날이다. 이틀 동안 내린 눈으로 하얀 세상이 겨울 햇살에 눈부시다. 'H' 수강생이 눈 세상에서 건네주는 붉은 장미 한 송이가 생명의 빛처럼 싱그럽다. 필시 그 꽃 속에는 그간의 수고에 대한 위안과 고마운 마음이 담겨 있으리라. 장미 한 송이가 화사한 꽃다발보다 더 감동을 주는 것은 주는 이의 진심이 담겨있기 때문일 것이다.

마음 바탕에 장미를 심자. 알뜰하게 가꾸고 꽃을 피워 피천득 선생님처럼 만나는 사람마다 글 장미 한 송이씩을 전하고 싶다.

삶과 죽음을 찬미하는 꽃은 천사의 얼굴이다. 꽃을 주고받는 것은 일상의 위안이요 따뜻함이다.

선생님이 보내신 선홍색 장미가 선연한 빛으로 말하고 있다. '깨어나라' '사랑하라.' '기뻐하라 세상 끝 날까지' 라고.

김우종 선생님은 문학평론가요 수필가요 미술가이자 칼럼니스트이기도 하다. 그분의 예술정신이 잠언처럼 깃들어 있는 장미 한 송이가 마음을 아름답게 가꾸어 주는 생화로 그 빛이 다할 때까지 내 곁에 남아 있을 것이다.

섬나라의 광기

사람과의 관계에서 가장 중요한 덕목이 신뢰다.

믿음이 깨어지면 불신을 낳고 불신이 깊어지면 언쟁과 갈등을 낳는다. 갈등이 심해지면 분쟁과 전쟁을 일으키게 된다.

부모와 자식, 형제, 친구, 이웃, 사회와 국가 간에도 신뢰가 쌓여야만 번영과 평화를 구축할 수 있다.

오래전부터 이웃나라 일본이 국가 간의 신뢰를 깨고 우리나라를 얕잡아 보는 투의 망언을 계속 쏟아내고 있어 신경이 곤두선다.

일본제국주의가 조선을 침탈하여 주권, 외교, 경제, 문화 등 조선을 송두리째 집어삼킨 죄과를 지니고 있다. 2차 세계대전 패망

후 비로서 한국은 독립을 얻었고 일본의 손에서 벗어날 수 있었다.

우리 역사를 짓이기고 갈기갈기 찢어놓은 일본은 침략의 역사를 외면하고 자신들의 잘못을 조금도 뉘우치지 않고 있다. 요즈음도 일본의 총리라는 고베 신조가 역사를 부정하고 위안부 사건마저 짐짓 외면하고 있어 분통을 터뜨리게 한다.

가해자가 피해자인 이웃의 아픈 역사를 외면하고 철면피로 변명하는 것은 손바닥으로 하늘을 가리는 꼴이다. 서로의 신뢰가 깨어지면 상대에게 증오심을 일으키게 하고 적이 되어 결국 분쟁이나 전쟁에 불을 붙이게 되는 것이다.

일본의 침략과 수탈, 조선인의 강제동원, 관동대지진 시 조선인 대량 학살, 위안부의 만행까지 부정하고 있는 고베는 한국을 능멸하고 있는 것이다. 한 나라의 최고 정치지도자가 아니라 깡패집단의 행동대장 같은 인상을 주고 있다. 용기도 양심도 역사도 팽개치고 오직 일본의 헛된 자존심만 지키려고 안간힘을 쓰고 있어 보기에 민망스럽고 딱하다.

독일의 아데나워 총리는 나치의 침략전쟁을 사과하고 용서를 구하기 위해 이웃 프랑스를 재임 14년 동안 스물여섯 번이나 파리를 방문했다. 서독이 국제사회에서 과거를 씻고 신뢰와 명예를 회복하는데 프랑스 드골 대통령의 협조가 필요했기 때문이었다.

1970년 12월, 브란트 서독총리가 폴란드 수도 바르샤바의 유태인 추념비 앞에서 무릎을 꿇고 용서를 빌었다.

1985년 5월 서독대통령 바이츠 제키의 말이다.

"회상은 과거를 왜곡하지 않고 정직하게 떠올리는 것입니다. 독일역사에 책임을 져야 합니다. 젊은 세대가 그 책임을 망각하지 않도록 우리가 도와야 합니다." 그 후에도 "독일국가의 이름으로 저지른 사건은 변하지 않는 것입니다. 오늘 올바르게 살기 위해 과거를 정직하게 기억해야 합니다. 독일 역사가들은 국민이 그렇게 살 수 있도록 도울 의무가 있습니다." 큰 정치가다운 선언이라고 할 수 있겠다.

일본 고베총리의 전쟁범죄 회피와 위안부에 대한 부정과 기피는 일본을 대표하는 총리로서 너무나 치졸하고 비겁한 행동이 아닐 수 없다.

최근에 메르켈 독일총리는 다하우 나치강제수용소를 방문하여 헌화하며 "우리가 극단으로 치달아서 인종과 종교 등을 이유로 사람의 생존권을 강탈했던 순간을 다하우 수용소는 계속해서 경고한다." 고 말했다. 독일은 과거사에 대한 반성과 화해를 위해 계속 사과를 하고 있는 것이다.

고베 신조의 정치노선은 일본 내의 우익단체들을 부추겨 혐한 시위를 벌이게 하고 심지어 '한국인을 죽이자'는 구호마저 외치게 하여 마치 2차 세계대전 당시 가미가제 특공대가 되살아나는 것 같아서 섬뜩하고 불안하다. 물론 일본 내의 일부지식인들은 일본의 그릇된 과거사를 인정하고 반성하는 측면도 있지만 정치선동에 묻혀 제 목소리를 내지 못하고 있다.

일본인들은 이웃나라와의 화해와 공존이 세계의 평화를 구축하는 지름길이라는 걸 깨닫고 진실된 역사의 현장으로 복귀하기를 충고하는 것이다. 역사의 가해자로서 범죄행위를 정당화하려는 비인도적인 야만행위는 세계인들이 결코 용납하지 않을 것이다.

문학은 휴머니즘의 근간이자 사회정의를 실현하려는 지성이다. 작가는 시대정신을 살려 올바른 역사를 문학적 토양으로 기록하여 후대에 넘겨주어야 한다. 이러한 작업은 역사 바로 세우기의 하나요, 민족의 정체성을 지켜나가는 길이기도 하다.

아베총리는 독일로 건너가 그들의 역사관과 정치철학을 배워야 한다. 일본인들이 바른 길을 가도록 일깨워주고 그 앞장에 서야 한다. 그 길만이 일본의 명예를 회복하는 길이요 이웃과 화해하는 방법이 될 것이다.

평화와 번영은 신뢰와 신념의 바탕에서 이우러지는 것이다. 고베총리는 역사의 진실 앞에 무릎을 꿇고 통렬히 반성하여야 한다.

섬나라의 광기에서 하루 빨리 벗어나 자신과 일본의 미래를 위하여 진심어린 속죄의 길을 선택해야 할 것을 진정으로 거듭 충고하는 바이다.

신라 천 년의 숨결

서라벌 천 년의 숨결을 지금도 고스란히 발산하고 있는 고도 경주, 삼국통일의 바탕이 되었던 불국정토의 찬란한 문화유적지. 그 중심에 서 있는 북국사와 오랫동안 단절의 벽을 쌓았던 것이다.

그도 그럴 것이 고등학교시절 졸업 기념으로 수학여행을 경주로 다녀온 친구의 사진첩에서 불국사와 다보탑을 눈여겨보면서 마음에 새겨 두었던 것이다.

만일 경주 땅을 밟게 된다면 제일 먼저 불국사를 찾아가고 싶었던 것이다. 그 동안 여러 번 경주를 찾았지만 마치 불국사와 연이 다한 것처럼 비켜가기만 하였다.

지난 해, 문우들과 경주일대를 여행하면서 불국사를 관람하기 위해 불국사 주차장에 도착했다. 그때 '아! 꿈이 드디어 이루어지는구나.' 싶어서 속으로 쾌재를 불렀다. 하지만 주차장 사용에 대한 시비가 붙었다. 끝내 고성이 오가고 화가 치민 문우는 차를 돌려세우고 말았다. 싸움을 지켜보며 벙어리 냉가슴 앓듯 하면서도 입을 열 수가 없었다. 이미 여러 차례 불국사를 다녀간 그들로서는 봐도 그만 안 봐도 그만이겠지만 수 십 년 만에 겨우 찾아온 행운도 물거품이 되고 말았다.

그토록 보이지 않는 손에 의하여 빛나가기만 했던 불국사와의 조우를 속 시원하게 풀어줄 기회가 찾아왔으니 다름 아닌 '제13회 수필이 날' 행사였다.

7월 12일, 서울서 출발한 버스가 오후에 불국사에 도착했을 때 새가슴처럼 콩당 콩당 뛰었다. 가슴에 새겨둔 지 55년 만의 해후였으니 그럴 만도 하겠다.

마음을 가다듬고 불국사로 들어선다. 우람하고 우아한 소나무들은 신라의 통일정신을 닮은 듯 기개가 넘쳐서 반갑고 믿음직스럽다. 청운, 백운교를 지나 대웅전 앞에 섰을 때 숨이 턱 막히는 감격을 맡게 된다. 751년 신라 경덕왕 10년에 대상 김대성이 세우고 몇 차례의 복구와 중수가 이루어진 주요 문화재 불국사. 옛 조상을 뵌 듯 마음이 경건해진다.

서라벌 옛 장인들의 예술혼을 불태워 조각한 다보탑과 석가탑은 불국사의 상징이자 자랑거리다. 석가탑의 전설은 지금도 우리들 가슴을 애틋하게 한다.

석가탑의 석공을 기다리던 아사녀가 탑의 완성을 애타게 기다리다가 끝내 석가탑의 그림자가 못에 나타나지 않자 못에 투신했다. 후에 아내의 애절한 소식을 듣고 뒤를 따라 투신했다는 애달픈 전설이 지금도 내려오고 있지 않은가. 찬란한 불교성지를 짧은 시간 안에 두루 감상한다는 것은 어림없는 일. 후일 느긋한 시간으로 다시 만날 약속을 남겨두고 아쉽게 발길을 돌린다.

동국대학교 경주캠퍼스에서 열린 문학행사에서 정목일 이사장의 문학 강연은 '신라문화유적과 수필문학'이었다. 천년 왕조의 신라고도 경주는 고대문화의 발상지이자 잘 보존된 박물관이다. 유네스코 세계10대 유적지로 선정되었을 정도로 고대문화의 귀중한 보고다.

이스탄불-경주 세계문화엑스포를 통하여 우리의 전통문화를 알릴 수 있는 좋은 기회가 될 것이다. 이번 엑스포를 통하여 경주가 실크로드의 동쪽 종착지라는 사실을 알릴 수 있는 절호의 기회가 될 것으로 기대한다고 하였다.

언뜻 한 줄기의 수필이 무지개처럼 떠오른다.

바로 혜초스님의 기행수필이었다. 혜초는 704년 경 신라에서 태어나 열여섯의 나이로 구도를 위해 당나라에 입국했다. 723년에 20대의 젊은 나이로 4년간 인도의 천국과 서역을 돌아보고 나서 '왕오천축국전' 이란 기행수필을 지었다.

이 기행문은 간결한 필치와 정확한 표현으로 세계 4대 기행문으로 첫 손가락에 꼽히고 있다. 혜초의 뛰어난 탐구정신과 기행문은 한국수필의 시발점이 되기도 한다. 1300년 전의 문명탐험가이기도 한 고승 혜초의 기행문은 고대수필의 금자탑이기도 하다.

이번 수필의 날 행사를 통하여 신라의 혼이 깃든 불국사와 가슴 뭉클한 해후가 있었고 자랑스러운 우리의 역사문화를 다시금 새길 수 있어서 큰 보람이었다.

선조들의 융성하였던 문화를 보존하고 가꾸어 우리의 정체성을 회복하고 혜초스님을 앞세워 수필문학의 이정표를 점검해보는 것도 의미가 있다고 생각한다.

경주 수필의 날 행사에서 '수필의 역사를 짓다'라는 캐치프레이즈처럼 수필행사의 응축된 의미와 그 파장을 고스란히 수필가들의 가는 길에 단비처럼 계속 뿌려 주어야 하지 않을까.

서라벌의 옛 땅, 경주에 들어서면 항상 가슴이 설레고 선대들이 남겨준 찬연한 문화유산에 고개가 숙여지고 옷깃을 여미게 된다.

고승 혜초의 기행수필을 거울삼아 수필문학의 근간을 다시 짚어보고 수필의 갈 길을 가늠하면서 그 향취를 한껏 발산시켜 나가야 하지 않을까.

목련화 지다

봄을 맞이하는 목련화가 피었다. 흰 목련화에 반한 P시인으로부터 연락이 올 때쯤이었다. 아니나 다를까 퇴근 무렵에 P시인으로부터 연락이 왔다. 시인이자 초등학교 교사인 P가 "박형! 퇴근 때 바로 우리 집으로 오세요. 목련이 피었어요." P시인의 집은 성남시내에 위치한 아파트 2층에 살고 있다. 나 외에도 목련을 좋아하는 같은 교사인 L시인도 매년 초대한다. 그러기를 5년이 지났다.

P시인은 목련을 어떻게나 좋아하는지 집안 세 벽면에 목련화 사진을 걸었다. 봉오리가 맺혀 금새 부풀어 터질 듯한 사진과 다

른 사진에는 목련화가 되기 바로 직전에 정숙한 품위를 갖춘꽃이고 다른 한 장은 활짝 피어 온통 제 세상인양 웃음을 날리는 목련화 사진이다. P시인은 목련화의 아버지다. 자식처럼 사랑하기 때문이다.

P와 L은 만나기만 하면 P는 백목련이 좋다고, L은 자목련이 더 남성적이어서 좋다고 서로 자랑을 한다. 목련은 나뭇잎이 피기 전에 먼저 피어나는 조급증이 있다. 순결한 사랑과 아름다운 자태를 자랑하고 싶어서일 것이다. 백목련은 불빛을 받아 더욱 순진하고 요염하게 웃음 짓기도 하고 봄바람에 수선거리기도 한다.

저녁상에 술이 곁들여지고 셋이서 술잔을 몇 순배 돌리다보면 목련은 밤의 여인처럼 우리들의 시선을 사로잡는다. P시인은 몇 년 째 우리를 초대하면서도 목련을 좋아하는 사유를 들려주지 않았다.

물으면 그저 목련이 좋아서, 목련만큼 순결미가 돋보이는 꽃은 없어요. 규방에서 갓 나온 아가씨라고나 할까. 해맑고 순수한 모습에 마음이 끌리지요.

술잔이 몇 순배 돌고 취기가 돌면 흰 옷 입은 아가씨들이 한들한들 춤을 추며 황홀하게 다가오는 것 같다.

목련은 고상하게 피지만 그 생명이 너무 짧아 항상 아쉬움을 남긴다. 세상의 영광을 보란 듯 자랑하다가 미련 없이 땅에 떨어져 마구 뒹군다. 순수하고 사랑스러운 목련의 꽃잎이 마구 떨어져 나뒹구는 모습은 쓸쓸하다 못해 처참해 보이기까지 한다. 꽃들은 잠시 피었다가 쉬 떠나는 섭리를 대부분 지니고 있지만 규방의 아씨가 땅바닥에 마구 뒹구는 모습은 안쓰럽기까지 하다.

L시인이 자목련을 감상시켜주겠다며 매년 벼르기만 하고 한 번도 자기 집 뜰로 초대하지 않았다. 술이 거나하게 취기가 오른다. 술판이 막판에 이르면 P시인의 부인이 불려나온다. 술자리가 끝날 때쯤이면 부인은 목련화를 불러 주었다.

> "오오 사랑 목련화야 / 그대 사랑 목련화야 /
> 희고 순결한 그대 모습 봄에 온 가인과 같고…"

우리도 따라서 흥얼거리고 목련화도 고개를 내밀고 합창을 한다. 사랑과 이별, 그리움과 같은 슬픔을 안겨주는 가인과 같은 봄의 여인. 부인의 메조소프라노는 음색이 곱고 마음을 상기시키는 매력을 가지고 있다. 부드러우면서도 높고 깊은 음률에 매료된다. 부인도 중학교 음악교사를 하고 있다. 우리들은 아이처럼 손뼉을 치며 즐거워한다.

그 후 몇 년 사이에 P시인은 김포 쪽으로 전근을 가게 되고 L시인도 안성 방면으로 학교를 옮기게 되었다. 이들이 자리를 옮기면서 매년 치르던 목련화 잔치도 아쉽게 끝을 내리고 말았다. 서로 전화로만 만나자고 하면서도 실상 한 번도 만나지 못하면서 몇 년이 흘렀다.

어느 날 L시인으로부터 연락이 왔다. P시인이 김포로 전근을 가서 얼마 지나지 않아 교통사고로 부인이 세상을 떠났다고 알려준다. 가슴이 떨렸다. 목련화와 같은 음악가였는데. 부인을 순천 지방의 가족묘원으로 옮기고 P선생도 부모님이 계시는 곳으로 학교를 옮겼다고 한다.

부부사이에는 자녀가 없었다. 그래서 P시인 집에 들어서면 자리가 빈 듯 허전함과 쓸쓸함을 느끼곤 하였다. 소식을 듣고 나자 그동안 게으름을 피우고 적극적으로 연락을 취하지 못하였던 것이 미안하고 마음이 무거웠다. P시인의 슬픔을 생각하면 마음이 아렸다.

이제는 P시인과 L시인과도 소식이 두절되었다. 세월이 많이 흘렀다. 세월은 형제, 친구, 지인들을 모두 떠나보내고만 있었다. 세월의 야속함이다. 그들이 떠나면서 그리움이란 꽃을 가슴에 심어주었다.

금년에도 목련이 활짝 피었다. 4월의 봄바람에 꽃들이 춤을 춘다. 마치 P시인의 부인이 부르던 애잔한 목소리가 목련들과 함께 합창을 부르는 것 같다. 환청을 듣는 듯 목련화에 귀를 기울인다.

목련은 봄의 여인이요 요절하는 아씨의 슬픔이다.

지금쯤 P시인도 뜰 앞의 목련화 앞에서 떠나간 목련화 같은 임을 그리워하면서 눈물지을 것이다.

목련화는 내년 봄에도 또 피어날 것이고 내 가슴에 심어준 그리움이란 꽃도 함께 피어날 것이다.

문학과 아토피

문학과 아토피는 동반자다. 아토피는 육체에서 문학은 정신세계에 따개비처럼 달라붙어서 나를 노예처럼 부리고 있다. 이들과 대적할수록 심신이 피곤해지고 진탕에 빠진 것처럼 허우적거리게 된다.

아토피란 가려움증 난치병은 지금도 치료약이 개발되지 않았고 문학이란 불치병도 치료약이 나오지 않았다. 이들은 내 몸에 공생관계로 기생하면서 수시로 골탕을 먹이고 있다.

아토피란 놈은 문학보다 더 공격적이어서 몸 곳곳을 공략한다. 더구나 게릴라 전술까지 익혀서 신출귀물, 시도 때도 없이 사람의 혼을 빼 놓는다. 이놈은 몸체 여러 곳에 검버섯 같은 반점을 남겨서 자신의 존재를 과시하기도 하고, 가려움을 유발하기도 한다. 이놈의 공격이 심할 때에는 절로 손이 움직여 가려운 곳을 긁게 된다. 긁을수록 가려움이 폭발하여 드디어 손톱으로 벅벅 긁게 되고 기어이 피를 보고서야 차츰 기세를 누그러뜨리는 것이다. 집에서야 부끄럼 없이 긁을 수 있지만 사람들이 많이 모인 장소에서 느닷없이 불을 지를 때에는 발작을 일으킬 정도로 정신을 어지럽힌다.

알레르기성 아토피는 전신에 나타나는 질환으로서 유전성이 많다고 하며 스트레스나 환경유해물질에 의해서 생긴다고 한다. 이놈은 마치 보이지 않는 유령 같아서 실체도 없이 몸 구석구석을 누비고 다닌다. 머리에서부터 얼굴, 귀, 목, 가슴, 배, 다리 할 것 없이 심지어는 은밀한 사타구니까지 기꺼이 침범하여 사람을 난처하게 하기도 한다. 공격이 심할 때에는 가려운 곳을 누르고 꼬집고 비틀어보기도 하지만 그럴수록 기름에 불을 붙이듯 활활 타올라 쩔쩔매게 하는 것이다.

이놈이 사타구니의 쭈그렁이 새알주머니로 침투하여 불을 지를 때에는 시쳇말로 환장을 하게 되는 것이다. 가려운 곳에 손길이 닿았다 하면 기다렸다는 듯이 일파만파로 불길이 치솟아 정신을 홀랑 뒤집어 놓는 것이다. 이따금 야밤에 장난 짓을 하여 잠을 천리 밖으로 쫓아버리게도 한다. 이럴 때에는 비상조치를 강구할 수 밖에 없다. 서재에 간수해 두었던 스위터분의 뚜껑을 연다. 분첩으로 분을 듬뿍 묻혀 쭈그렁 새알주머니에 골고루 다독이며 분칠을 한다. 참으로 신기하다. 이놈이 여인의 살내 같은 분 냄새를 맡게 되면 언제 심술을 부렸느냐는 듯 이내 잠잠해지는 것이다. 제 꼴에 여인의 몸내를 밝히는 것 같아 웃음이 터지기도 한다.

아토피에게 묻는다. 네가 나를 참을 수 없는 가려움증으로 공격할 때마다 인내심을 시험하면서 당황해하는 꼴을 보고 쾌재를 부르겠지. 너는 무슨 억하심정이 그리도 많아서 나를 이토록 괴롭히느냐. 어디 대답이라도 속 시원하게 들어보자.

피부과 전문의도 아토피에 대한 실험과 처방을 해 보지만 약발이 떨어지면 도루아미타불이 되는 것이다. 하여 의사를 계속 찾아가는 것도 부담이 되어 결국 병원출입을 포기해 버린다.

서늘한 가을바람이 불기 시작하면 아토피란 놈이 제철을 만난 듯 기승을 부리기 시작한다. 건조한 것을 좋아하는 놈이라 몸을 자주 씻어주고 바디크림을 발라 보습을 해주고 그때그때 임기응변식으로 알레르기 처방약을 복용하는 방법밖에는 나에겐 별다른 처방전이 없다.

문학이란 양반도 낙엽이 구르는 계절이 오면 아토피와 진배없다. 깨어있는 시간 내내 시도 때도 없이 아토피처럼 불쑥불쑥 나타나 메모를 하게하고 골똘하게 사색에 잠기게 하고 사전이나 관련서적을 뒤져보게 하는 것이다.

한밤중에 나타나는 아토피처럼 문학이란 상상의 날개가 잠자리에서 퍼득이면 결국 일어나서 쉬 날아갈 것 같은 언어나 문장은 붙들어서 기록하게 된다. 이쯤 되면 잠은 천리 밖으로 달아나고 공상이 꼬리를 물고 한없이 우주를 유영하게 된다. 아토피처럼 수선스럽도록 잔손질이 가게하고 스트레스를 쌓이게 하고 잠 못 이루는 공통점을 문학도 지니고 있다. 어쩌면 문학의 스트레스가 아토피에게 숙주를 제공해주고 있을 것이다.

아토피는 몸 곳곳에서 문학은 무한한 정신세계에서 제구실을 다하려다보니 영육 간에 피로와 충돌이 겹쳐지는 것이다. 아토피가 건조한 가을에 더 심해지는 것처럼 문학이란 정신세계도 고독이란 병이 도져 무한한 사유의 세계를 떠돌게 되는 것이다.

아토피의 숙주가 되는 문학을 버리자니 영혼에 울림이 오고 아토피를 쫓아 버리자니 정신이 깃든 육체마저 허물게 되어 이러지도 저러지도 못하는 진퇴양난의 궁지에 몰리게 되는 것이다.

그래, 이쯤에서 체념하고 공생해보자. 어차피 아토피를 내칠 수 없고 문학도 동댕이칠 수 없다면 공존의 지혜를 탐색해 볼 수밖에는. 아토피란 생명체에게도 살아갈 수 있는 육체를 제공해주고 문학이란 정신영역도 육체에 깃드는 것이니까 함께 묶어 동거해보자. 원수지간이 아닌 이웃으로, 육신이 평온해져야 정신도 밝아지는 것이 아닐까. 이제부터 배타심을 거두고 화해와 소통으로 공생의 길을 걸어보자.

사실, 꾸준하게 스트레스를 주는 문학이 공격적인 아토피보다 더욱 세심하게 마음을 졸이게 하는 편이다. 하지만 어쩌랴, 둘 다 평생 끼고 살 수밖에 없는 운명적인 만남이라면 눈을 감을 때까지 어르고 달래며 동거할 수밖에는. 문학도 아토피도 결코 제 발로 내 곁을 떠나지 않을 테니까 말이다.

생각해본다. 문학은 삶에 대한 성찰과 위안을 주지만 아토피는 백해무익, 사람을 성가시게 하는 더부살이에 불과할 뿐이다.

피할 수 없는 동거, 어쩌면 세상살이도 이와 같은 숙명적인 만남이 아니겠는가.

비닐봉지의 가벼움

"여봇! 왜 그냥 버려요!" 아내의 불호령이다. 아내의 감시카메라가 쉼 없이 내 꽁무니를 따라다니고 있다. '제기랄, 그 작은 물품까지 분리수거하라고 하면 어쩌자는 건가.' 슬그머니 화가 치밀었다. 시력보존을 위해 항상 사용하고 있는 1회용 안약 하이루론맥스에 붙어있는 코딱지만 한 상표를 떼지 않고 버렸기 때문이다.

사실 이 작은 상표는 플라스틱으로 만든 아주 작은 안약용기에 붙은 딱지인데 손톱으로 떼어내려 해도 밀착되어서 쉬 떨어지지 않는다. 딱지떼기가 귀찮아서 슬쩍 버리려고 한 것이다. 새끼손가락 반쪽 보다 부피가 얄팍한 약통은 날씬한 알몸이다. 화가 나서 잣대를 들이댔다. 나신의 배꼽노리에 가로 8밀리미터, 세로 2,6센티미터 크기의 상표가 엄마의 젖꼭지를 물고 있는 아기처럼 찰싹 붙어있는 것이다. 귀찮은 절차이긴 하지만 아내의 철저한 분리수거에 이의를 달 수 없어 꼬리를 내리고 말았다. 그 후부터 아내의 눈치를 보지 않고 스스로 상표를 떼다 보니 오히려 마음이 편해졌다.

한없이 궁핍하였던 60년대에 등장한 파란 비닐우산. 바람에 쉬 뒤집히고 못쓰게 되는 1회용 비닐우산이 당시의 고달픈 우리들의 삶을 대변해 주었던 것이다. 그 비닐의 효용성이 개선되고 확대되어 오늘날 우리들의 생활을 지배하고 있는 것이다.

재래시장을 한 바퀴 돌면 손에는 비닐봉지만 들려있다. 고구마, 고추, 마늘, 더덕, 가지, 과일봉지 등 식료품 가지 수대로 비닐봉지 하나씩 더해지는 것이다. 일반생활의 모든 운반수단이나 물품보관에 사용되기도 하려니와 산업용이나 농업용으로 엄청난 양의 비닐이 소모되고 있다. 비닐제품의 용도는 무한대이고 사용수량도 계속 늘어나고 있는 실정이다.

신문에 난 통계수치를 확인해 보았다. 국내에서 사용하고 있는 1회용 비닐봉지가 1년에 약 190억장이 소모된다고. 이로 인한 일산화탄소 배출량은 무려 247만 톤이라고. 하루에 약 5200만장을 줄인다면 원유 95만 리터를 절약할 수 있다고 한다. 또 이산화탄소 배출량도 6700톤을 감소시킬 수 있다고 한다.

비닐 한 장당 사용시간은 25분 정도인데 버려진 뒤 분해되는 소요시간은 최고 1000년까지 걸린다고 하니 어안이 벙벙해진다. 쓰레기비닐봉지는 매립장에만 버려지는 것이 아니라 매년 10%정도 바다로 흘러들어가 환경재해의 원인이 된다고 한다. 또한 분쇄된 플라스틱 쓰레기도 그 독성이 바다로 들어가 생태계를 파괴하고 그 피해가 고스란히 사람에게로 돌아온다고 한다.

한국의 우산비닐커버도 연간 소비량이 약 1억 장이 된다고 한다. 한 번 쓰고 버려지는 것이라 엄청난 경제손실과 자원낭비와 환경오염을 부추기고 있다고 한다. 외국에서는 한국처럼 관공서, 기업, 식당 등 가리지 않고 사용하는 나라는 거의 없다고 한다.

거리에도 비닐봉지가 굴러다니고 전선에도 매달려 펄럭이고 나뭇가지에도 죽은 까마귀처럼 걸려있다. 지역마다 골칫거리가 되고 있는 쓰레기 대란은 한국뿐만 아니라 전 세계의 당면과제로 떠오르고 있다. 결국 지구는 쓰레기 공해 때문에 사망에 이른다고, 지구의 생존이 비관적이라고 경고음이 울리고 있다.

아내는 쓰레기 수거와 분리에는 철저하여 마치 국가기관의 환경관리 전담요원 같기도 하다. 배꼽에 어루쇠붙인 것 같은 아내의 세밀하고 정확한 감시카메라가 나에게 쓰레기수거의 동업자로서의 의무를 쉼 없이 독려할 것이다. 가정에서의 쓰레기분리가 쓰레기 재활용의 기회를 높여주고 오염물질을 줄일 수 있어 환경오염의 확대를 지연시킬 수 있는 한 방안이 되기도 한다.

어느 겨울날 한국기자가 일본의 농촌을 방문할 기회가 있었다. 그 날은 매우 춥고 바람마저 쌀쌀했다. 인적이 드믄 농촌 길에서 허리 굽은 노파 한 분이 굴러다니는 비닐봉지를 줍고 있었다. 보기에 딱하여 기자가 물었다. "할머니, 이 추운 날에 몸도 불편하신데 왜 비닐봉지를 줍고 계십니까?" "왜냐구요, 보는 사람이 먼저 줍지 않으면 누가 쓰레기를 줍겠어요?" 할머니의 당연한 말투에 머쓱해진 한국기자, 그게 바로 일본을 지키는 시민정신이라고 한다.

세계는 폭발적인 인구증가와 물질문명의 발달로 공해 물질이 다량으로 생산되고 사용 폭이 넓어짐으로서 쓰레기대란을 겪고 있다. 날이 갈수록 산림의 황폐화와 사막화, 빠르게 진행되고 있는 종의 멸종, 치명적인 공해로 하여금 지구촌의 멸망을 재촉하고 있다.

그 대안이 무엇일까. 세계 각국이 얼굴을 맞대고 궁리해 보지만 자국의 이익 때문에 약속한 방책도 지켜지지 않고 흐지부지되고 있다. 소극적인 방법이긴 하지만 가정에서도 쓰레기 같은 공해물질을 줄이는 생활습관만이라도 지켜진다면 지구의 사망 날짜를 지연시킬 수 있는 한 방법이 될 수 있지 않을까.

"여봇! 왜 그냥 버려요!" 아내의 외침이 오늘 따라 청량한 느낌이다. 움켜쥘 수 있을 만치 작은 요구르트통의 뚜껑을 떼어내지 않고 무심히 버린 탓이다. 다시 집어 은박지뚜껑을 뜯어서 각각 다른 용기에 분리해 넣었다. 지칠 줄 모르는 아내의 감시카메라는 계속 내 꽁무니를 따라다닐 것이다. 신경이 곤두선 감시카메라를 쉬게 해줄 방도는 없을까. 내가 아내처럼 쓰레기분리수거에 철저한 조력자가 되어 주는 것 외에는.

비닐의 가벼움, 편리함이 태산 같은 무거운 공해를 안겨주는 주범이라고 할 때 우리는 어떻게 대처하여야 할까. 우리가 떠안은 가깝고도 먼 질문에 어떤 해답을 내 놓을 수 있을까.

왕잠자리

와! 왕잠자리다. 눈이 크게 열린다. 느릅내 저수지를 가기 위해 지변천 상류에 이를 쯤 이다. 얼마만인가. 어린 시절 얼마나 살가운 놀이의 대상인 곤충이었던가. 왕잠자리를 못 살게 쫓아다니던 유소년기는 지울 수 없는 추억의 대상이 아닌가.

왕잠자리 암수가 짝짓기를 끝내고 비행기 편대처럼 눈앞을 가로지르고 있는 것이다. 수컷의 꽁지가 암컷의 목을 쥐고 행복에 겨운 듯 여유롭게 날고 있다.

짝짓기를 하고 난 후의 안도와 해방감을 한껏 누리고 있다. 아무튼 무엇엔가 취하여 날고 있는 평화로움을 부러워하지 않을 수 없다. 지변천 하류로 사라졌던 왕잠자리 편대가 되돌아오면서 시선을 잡더니 느릅내 저수지 방향으로 날아가 버린다.

왕잠자리는 곤충 중에서 우리들이 제일 좋아하여 뒤를 쫓아다니며 괴롭혔던 놀이의 동무였다. 특히 왕잠자리는 잠자리 중에서 제일 컸으며 아름다웠다. 수컷의 배에는 선명하고 색상이 고운 남색 부위가 있고, 암컷은 황록색으로 암수의 구분이 확실하고 예뻐서 아이들의 첫째 목표가 되었다.

그 다음으로는 큰 밀집잠자리다. 수컷은 황회색을 띠고 있어 색상이 선명하고, 암컷은 황갈색 바탕에 검은 줄무늬가 있다. 왕잠자리가 눈에 띄지 않으면 제2 목표물이 된다.

그 다음에는 수가 가장 많은 고추잠자리다. 가을이 되면 수컷은 배 전체가 적색이 되고 암컷은 배의 위쪽만 적색이 된다.

그 외에도 깃동잠자리, 가냘픈 실잠자리 등 여러 종류가 있지만 왕잠자리, 큰 밀집잠자리, 고추잠자리 등이 아이들이 제일 좋아하는 놀이 대상이 된다.

왕잠자리가 꽁무니로 물장구를 치면서 놀 때에는 어린 아이 모양 귀엽고 앙증스러웠다. 암수가 한 몸이 되어 날 때에는 천방지축 뒤쫓아 가다가, 저수지에 빠지기도 하고 논으로 구르기도 하였다. 왕잠자리가 풀이나 나뭇가지에 앉았을 때 도둑고양이처럼 몸을 낮추고 살금살금 접근하다가 꽁무니를 덮쳐 보지만 번번이 실패다. 왕잠자리의 머리는 대부분 홑눈과 겹눈으로 모여 있어,

눈을 이리저리 굴리면서 적을 감시하기 때문에 아이들의 손이 닿기 전에 줄행랑을 치는 것이다.

왕잠자리 잡기에 애가타서 옆집의 형에게 곤충 채집망을 하나 만들어 달라고 여러 번 졸랐다. 나의 요구를 견디다 못한 형은 보기에도 엉성한 채집망을 하나 만들어 주었다. 신이 났다. 이 채집망으로 왕잠자리 모두를 포획할 수 있을 것 같은 기분이 들어서 매일 저수지로 나갔다. 채집망의 입구가 좁아서 날아가는 잠자리를 채기에는 실패의 연속이었다.

하루는 왕잠자리 암컷을 용케 잡아서 수컷을 유인하여 여러 마리를 잡아야겠다고 벼르며 집을 나섰다.

왕잠자리 암컷이 날아가고 있다. 논두렁을 정신없이 뛰었다. 채집망을 치는 순간 발이 미끄러지면서 논으로 굴러 떨어졌다. 금방 새로 입고 나온 옷이 흙 범벅이 되어 버렸다. 엄마에게 꾸중을 들으며 다시는 잠자리를 잡지 않겠다고 약속했다. 학교 선생님과의 약속과는 달리 어머니와의 약속은 사나흘이 지나면 흐지부지 되고 만다.

우리 집 뒤쪽에는 큰 저수지가 있었다. 아래 위로는 논이 즐비

하게 이어져 있다. 저수지에는 붕어, 미꾸라지, 논게, 물방개, 새우, 뱀장어, 소금쟁이, 개구리

등 수중 생물이 많이 살고 있었다.

가끔 물뱀이 저수지를 가로지르기도 하고 저수지 동쪽 끝자락에는 텃새가 된 황새 암수가 아침마다 날아왔다가, 해질녘에 무거운 날개를 펄럭이며 집으로 돌아가곤 하였다. 마치 황새 부부는 저수지의 주인처럼 지키고 있었다.

어느 날 왕잠자리의 암컷 한 마리가 곤충망에 걸려들었다. 실로 다리를 묶고 작대기에 연결하여 빙빙 돌렸다. 얼마 후 수컷 한 마리가 기필코 암컷을 붙잡기 위해 빙빙 돌다가 잡히고 말았다. 그리고 수컷의 꽁무니 부분을 떼어내고 마른 지푸라기 같은 것을 꽁지에 집어넣고 하늘로 날린다. 아픔 때문인지 수컷은 공중으로 높이 오르며 시야에서 사라진다.

아이들은 무엇이 그리도 좋은지 손뼉을 치며 좋아들 했다. 잘, 잘못을 구별하지 못하던 어린 시절이었지만 어째서 잠자리의 생살을 잘라내고 이물질을 꽂아 하늘로 날리면서 시시덕거리며 좋아하였던지. 돌이켜 보면 미안하고 끔찍한 생각마저 든다.

짧은 생애에 생태의 책임을 다하기 위해 짝짓기로 후예를 남기고 떠나려는 단순하고 철저한 이들의 목적에 못질을 한 것이나 다

름없다.

가을이 오면 고추잠자리 세상이 온다. 이들은 작고 약하지만 떼로 여기저기 몰려다니며 자기네 종족을 과시하기도 한다.

느릅내 저수지의 물막이 둑에 섰다. 저수지는 낮잠에 취해있다. 지변천에서 만났던 암수 왕잠자리가 저수지 위를, 우리들 유년의 추억을 안고 외롭게 날다가 멀리 사라진다. 천진하였던 추억을 상기시켜 주었던 이들이 지나가자 고추잠자리 한 마리도 보이지 않는다.

곤충의 개체가 줄어들고 있는 것도 환경오염과 상관이 있다. 농약 살포, 농경지 정리, 도시 건설, 벌목, 오염물질 증가, 사막화로 지구는 중병을 치루고 있는 중이다.

자연의 생태계가 건강하여야 사람들도 푸르게 살 수 있다. 환경오염 때문에 지구는 병들어 가고 미래의 재앙은 어김없이 현실로 다가오기 마련이다. 두려운 현상인 것이다. 자연 사랑과 자연을 가꾸고 지킴이 절실히 요구되는 때다.

어릴 때 갈팡질팡하다가 넘어지면서도 왕잠자리를 쫓던 그때가 내 생애에 있어 가장 행복한 시절이 아니었던가 싶다.

축구공은 둥글다

세계적인 명지휘자 정명훈은 '축구는 오케스트라다'라고 하였다. 지휘자와 많은 연주자가 한 덩어리로 호흡이 맞아 앙상블을 연출해 낼 때 최고의 음악성을 확보할 수 있다는 뜻일 게다.

축구팀의 감독과 선수들이 둥근 축구공처럼 하나로 뭉쳐 굴러가야만 좋은 성적을 낼 수 있다는 공통점을 가지고 있다.

나는 어렸을 때부터 축구를 좋아했고 열성 펜이었다. 가장 기억이 또렷하고 열광했던 경기가 2002년에 벌어진 한일월드컵대회였다. 월드컵 경기에 온통 눈과 귀가 쏠려 있을 때 가장 흥미롭고 관심을 끌었던 경기는 한국과 터키의 3,4위전이었다. 한국선수들이 4강을 극적으로 이루고 그 여파로 터키와 맞붙었을 때 붉은 악마의 물결이 경기장을 가득 메우고 파도처럼 환호하며 출렁이고 있었다.

그때 한국의 많은 붉은 악마들이 터키 팀을 응원하는 진풍경이 벌어졌다. 나는 한국의 승리를 바라면서도 터키가 승리하자 한편으로는 어쩌면 잘되었구나하는 엉뚱한 생각마저 들기도 하였다. 터키에 동메달을 빼앗긴 것이 그리 억울하지도 않고 되레 귀한 손님을 대접했다는 홀가분한 생각마저 들었다.

당시 터키 팀을 열렬히 응원해주던 붉은 악마들의 함성이 그토록 감격스러울 수가 없었다. 축구경기를 통하여 다른 민족과의 의기투합으로 이루어진 감동을 처음 맛보는 순간이었다.

사실 알고 보면 터키는 우리가 잊을 수 없는 고마운 이웃이기도 하다. 터키는 이슬람나라이면서 한국전쟁당시 만 오천 명을 파병하여 한국을 도왔고 그 중 904명의 사망 실종자를 낸 우방국이다. 월드컵 이후 한국과 터키간의 교류는 급속도로 늘어나기 시작하여 한국 상품을 선호해 주었고 기업진출도 활발하게 이루어지는 계기가 되었다.

터키를 여행하면서 친근감과 호의에 감사를 더 느낄 수 있었다. 붉은 악마의 티셔츠를 입고 거리를 기웃거리는데 만나는 터키인 대부분이 우리를 환영하며 '대한민국! 짝짝짝!' 하고 손뼉을 치며 얼싸안아 주기도 하였다. 악마의 티셔츠를 교환하자고 하면 선 듯 벗어서 바꾸어 입고 형제처럼 다정한 웃음을 주고받았다. 그들은 우리를 형제라고 부르며 정말로 친형제처럼 반겨주었다. 터키를 여행하는 동안 국내를 여행하는 것처럼 마음이 편하고 즐거운 시간이 되었다.

축구공은 초등학교시절 내 발을 달구며 넓은 운동장을 달리게 하였다. 수업이 끝난 오후에는 운동장은 축구시합으로 떠들썩했다. 몰랑몰랑한 고무공으로 차기도 하고 운이 좋으면 땜질한 배구공으로 시합을 하기도 하였다. 영 형편이 좋지 않을 때에는 새끼를 둘둘 말아서 차기도 하였다.

고무신에 새끼줄을 감고 뛰거나 아예 맨발로 뛰기도 하였다. 고무신은 재질이 나빠서 몇 번 심하게 부딪치면 신이 찢어지고 헤어져 맨발로 뛸 수밖에 없었다. 학년 별, 동네별로 시합도 하고 상급반 형들과 어울려 하기도 하였다. 어둠이 내리고 공이 보이지 않을 때까지 운동장을 가로지르며 고함을 치고 욕설도 오가며 신들린 아이들처럼 볼 차기에 열중하였던 것이다. 햇볕에 그을리고 엎어지고 자빠지며 땀투성이에 검둥이가 되었다.

축구는 여럿이서 한데 어울리는 경기라 협동심이 잘 이루어져야 한다. 나는 주로 공격수를 맡았다. 그래야만 상대의 골문을 흔들고 짜릿한 승리감을 맛볼 수 있기 때문이다. 그러나 골문을 찢는 것은 혼자의 힘으로 되는 것이 아니고 팀원의 정확한 패스와 상대를 따돌리는 절묘한 기술력과 체력이 따라주어야 한다. 둥근 공차기는 가난하고 어려웠던 시절, 우리들을 모나지 않고 공처럼 둥글둥글 굴러가도록 거친 성질을 다듬어 준 것이 아닐까.

한일월드컵 이후 한국 대표 팀들의 성적이 지지부진해지자 축구에 대한 열기도 따라서 시들해졌다. 금년도 브라질 월드컵 대회에서 한국선수들의 기대이하의 경기운영 때문에 실망감이 커져 국내경기마저 외면하게 되었다. K리그의 활성화가 축구를 살리는 계기가 되는데 관중석에는 응원의 열기도 식고 관람객이 적어 앞으로의 한국축구의 부흥에 걸림돌이 되고 있는 실정이다.

축구는 어렸을 때부터 기초훈련을 다지고 실력을 향상시켜야 한다. 좋은 감독자의 지도와 꾸준한 훈련으로 체력과 세기를 다지고 팀워크를 형성하여야만 좋은 성적을 거둘 수 있는 것이다. 그러자면 감독과 선수들이 혼연일체가 되어 일사불란하게 기술을 연마해 나가야 할 것이다.

대한민국! 짝짝짝! 4강의 신화를 넘어 메달 권에 진입하는 새로운 신화를 만들어 나가야만 하는 것이다. 한국축구의 융성이 국민의 사기를 진작시키고 화합의 계기로 만들어 줄 수 있는 것이다.

공은 둥글어서 정확하게 차야만 제 코스로 날아간다. 인생살이도 예술도 이와 같아서 축구시합과 닮은꼴이다.

우리국민이 합심하여 커다란 한국 볼을 제대로만 차올린다면 그 공은 창공을 향해 높이 솟아오를 것이다. 태양도 지구도 달도 축구공도 내 얼굴도 둥글듯이 인생도 모나지 않고 둥글둥글 어울려서 살아가야 하지 않나 싶다.

'축구는 오케스트라다'라는 말을 시끄럽고 어지러운 이 시대에 재음미해 볼 필요가 있지 않을까.

다인종 다문화시대

매주 화요일 저녁 시간이면 KBS방송에서 '러브인아시아' 프로를 방영한다.

집에 죽치고 있는 날이면 이 시간을 놓치지 않고 시청하는 편이다. 고향을 떠나 머나먼 남의 나라 낯선 땅에서 고전하고 있는 다문화가정의 애환이 마음에 파고들기 때문이다.

이주 여성들이 잘 사는 나라로 소문이 난 한국 땅을 밟기 위한 목적은 우선 배불리 먹고 친정집을 도와주기 위한 수단으로 매매혼을 선택하기도 한다. 물론 사랑 때문에 오는 경우도 많지만.

나이 차이가 많은 노총각 농부와 결혼하여 옛 우리 어머니들처럼 아이들을 연거푸 낳고 농사를 지으며 열악한 환경에서 고생하는 이들을 보면 안타깝기만 하다.

부부가 맞벌이를 하며 성실하게 살아가는 가정도 허다하고 포장마차를 하며 행복하게 웃는 여인도 아름답게 보인다. 원어민강사를 하며 가정을 꾸리는 부지런한 여성도 있고 시부모와 남편의 병수발로 근근이 살아가는 갸륵한 여성도 있다. 반면에 남편의 게으름과 술주정, 폭행에 시달리다 못하여 이혼하거나 가출하는 여인도 늘어나고 있다.

한국총각들이 경제 사정으로 한국여성에게 장가를 들지 못하고 총각귀신이 되어 가다 보니 타국여성을 데려오는 길이 자연스럽게 열리게 된 것이다.

한국여성들이 결혼을 하고도 아이 낳기를 꺼려 인구감소가 진행되는 과정에서 이주 여성들만이 노총각들을 구제해 줄 뿐만 아니라 2세들을 쑥쑥 잘도 낳아 인구 늘리기에 한 몫을 톡톡히 하고 있으니 고마울 수밖에.

결혼이주민이 21만 명을 넘어서고 자녀수도 15만여 명을 돌파했다고 하니 이들은 우리의 귀한 자산이다. 정부와 국민은 이들에 대한 배려와 정책지원을 아끼지 말아야 할 것이다.

지금 세계는 다양한 인종의 혼합사회로 진행되고 있다. 유럽에서도 여러 인종이 유입되어 문화의 충돌과 종교적 갈등도 잦아서 심각한 정치문제로 떠오르고 있는 실정이다.

미국이란 나라는 인종전시장이다. 세계 곳곳의 인종들이 모여들어 북새통을 이루면서 시끄럽게 굴러가는 나라다. 그러함에도 그 나라가 지탱하는 걸 보면 신기할 따름이다.

인종, 언어, 종교, 문화, 빈부격차 등이 서로 부딪치면서도 강대국의 자리를 지키고 있는 걸 보면 불가사의한 일이 아닐 수 없다.

한국에서도 눈에 흔히 띄는 것이 이주 여성이요 외국근로자들이다. 특히 외국근로자들은 한국청년들이 기피하고 있는 3D업종에 종사하는 이들이 대부분이다. 그러니 영세중소기업을 받쳐주며 도와주고 있는 셈이다.

현재 70여만 명이 넘는 외국근로자들이 이 땅에 상주하고 있으니 이들에 대한 권익보호와 의료혜택 등 다양한 지원을 아끼지 말아야 할 것이다.

어느 날, 지하철 안에서 외국인과 함께 앉게 되었다. 허름한 차림의 청년은 다소 피로해 보이고 눈은 우수에 젖은 듯 했다. 주위 사람들의 눈치를 살피며 슬그머니 그의 손에 지전 몇 장을 쥐어 주었다. 청년은 당황하며 "왜 저에게 돈을 주십니까?" 하며 의아

한 표정이었다. "좀 피로해 보이는 군요. 아시아인은 모두 한 가족이지요. 맛있는 음식이라도 사 드세요." 하자 그때서야 청년은 빙그레 웃으며 자기는 3년 전에 파키스탄에서 왔으며 지금은 성남의 한 가구공장에서 일하고 있다며 자기소개를 해 주었다.

외국여성들과 근로자들이 한국으로 밀려들어 오는 것은 60년대의 우리들처럼 가난을 벗어나기 위한 몸부림이다.

가난이 무슨 죄랴. 하지만 가난은 나라도 구하지 못한다는 말이 있다. 고루고루 잘 살기 위하여 유럽의 복지국가들이 돈을 펑펑 쏟아 붓다가 결국 나라가 거들 나는 꼴이 되었으니 남의 일 만은 아닐 성 싶다. 다만 국가는 국민에게 도움을 줄 수 있는 방안을 꾸준히 모색해 나가야 할 것이다.

빈곤하고 힘들게 살아가는 다문화가정의 안쓰러움이 언제쯤 가실까. 아득한 느낌이다.

모쪼록 이주여성들이 이 땅의 사람들과 어울려 소통하고 화합하여 국민의 지위를 빨리 찾았으면 한다.

우리나라를 찾아오는 이주여성과 근로자들은 우리가 필요해서 받아들이고 있다. 그러므로 이들에 대한 문제들을 꾸준히 풀어나가야 할 것이다.

결혼문화 변화, 3D업종 기피, 저 출산문제 등을 스스로 해결하지 못하는 한 다양한 인종의 영입은 지속될 것이다.

내 자식 귀한 줄 알면 남의 자식도 귀한 줄 알아야 하고 내 살 꼬집어서 아프면 남의 살 꼬집어도 아픈 줄 알아야 사람의 도리다.

인간사회는 서로 돕고 화합하며 살아가야 할 보편적 가치를 지닌 집단 생명체라는 것을 가슴에 품고 살아야 하지 않을까.

동일 장칼국수

칼국수는 서민음식이다. 나는 국수를 좋아하는 편이다. 특별히 별미가 있거나 향이나 영양이 좋아서라기보다 어렸을 때부터 먹어오던 음식이기 때문이리라.

칼국수하면 떠오르는 것이 엄마손 칼국수다. 엄마가 직접 밀가루를 반죽하고 콩가루도 섞어 홍두깨로 안반에다 밀고 밀면 장판지처럼 얄팍하게 만들어지고 엄마 치마폭처럼 넓게 펼쳐진다.

엄마가 반죽을 밀기 시작하면 형제들은 엄마 곁에 앉아 눈독을 들인다. 반죽을 늘리는 솜씨가 재미있기도 하지만 국수를 썰 때 혹시 자투리 조각이라도 끊어서 주지 않을까하고 군침을 삼키며

주시하는 것이다. 손바닥 만 한 자투리를 화로 불에 구워서 먹으면 고소한 맛이 났다. 군것질거리가 없었던 시절이라 국수자투리는 아이들이 좋아하던 과자대용이기도 하였다. 어떤 날은 엄마가 짐짓 자투리를 하나도 남기지 않고 마저 썰어 버리면 입들이 비죽이 나오고 울상을 짓게 된다. 그런 날 저녁 식사 때는 엄마가 국수 몇 가락씩을 자식들 그릇에 옮겨주며 빙긋이 웃으신다.

요즈음은 기계로 국수를 뽑아서 잔칫집이나 음식점이나 가정에서 사용하고 있어 엄마손 칼국수는 거의 사라지고 있다.

강릉 시내만 하더라도 국수집이 많다. 옹심이칼국수, 메밀국수, 해물칼국수, 닭칼국수, 막국수, 잔치국수, 장칼국수 등 종류가 많아졌다. 그 중에서도 장칼국수가 주류를 이루고 있다. 장칼국수의 맛 집을 소개하라면 서슴없이 동일장칼국수집을 소개하고 싶다. 동일장칼국수집을 일명 할머니 칼국수집이라고도 부른다.

강릉공단에 동진버스종점이 있다. 그곳에서 해안 쪽으로 조금만 걸으면 자동차정비사업소인 유일공업사가 나오는데 바로 옆집이다. 외양으로는 작은 구멍가게처럼 단조롭게 보이지만 문을 열고 들어서면 홀도 있고 널찍한 방도 있어 손님 받기에 불편이 없는 구조로 되어 있다. 주방에는 일흔이 넘은 김복순 할머니가 직접 칼국수를 장만하고 있다.

이 집은 처음에는 공단종사자들을 상대로 문을 열었기 때문에 우선 음식양이 많아야하고 또한 맛도 따라주어야 했다. 젊은이들에게 양이라도 배불리 먹이기 위해서였다. 처음에는 손님들이 기업체의 사원들이 대부분이었으나 차츰 양과 맛 자랑이 입소문을 타고 퍼지면서 손님이 늘어나기 시작하고 지금은 시내나 먼 곳에서까지 찾아오게 되었다.

주인 할머니는 제 식구의 음식준비를 하듯 정성을 다하여 국수를 만든다. 손맛이라고나 할까. 양념으로는 감자, 표고버섯, 냉이, 부추, 호박 등을 사용하고 별다른 육수와 고추장으로 국물 맛을 낸다. 맵지도 않고 단백하고 구수하고 먹고 나면 입맛이 개운하다.

겨울에는 장칼국수와 손수 빚은 손만두국이 유명세를 타고 여름철에는 냉콩국수가 한 몫을 한다. 특히 입맛을 돋우어주는 것은 열무김치와 깍두기 맛이다. 김치 맛 때문에 국수가 더 당긴다고도 한다.

어느 날 장칼국수 생각이 나서 동일장칼국수집을 찾았더니 출입문에 이런 안내문이 붙어 있었다.

'사장님의 수술과 입원 회복기간으로

불가피하게 이달 말일(30일)까지

휴업을 하게 되었습니다. 멀리까지 발걸음

해 주셨는데 대단히 죄송합니다.'

아마도 많은 분들이 아쉬운 마음으로 돌아섰을 것이다. 써 놓은 안내문이 마치 이 집 칼국수 맛과 같이 구수하다는 생각이 들어 절로 웃음이 나왔다.

출입문에 써놓은 장칼국수, 만두국, 콩국수, 초계국수라고 붙여진 음식종류를 다시 한 번 읽으면서 발걸음을 돌렸다.

칼국수는 서민이 좋아하는 기호음식이다. 더구나 요즈음은 재료 준비가 쉽고 빨리 조리할 수 있어 간편하여 좋아한다. 밑반찬도 김치 한 가지면 족하다. 많이 씹지 않아도 목구멍으로 술술 잘도 넘어가고 국물까지 마시고 나면 배가 불룩하게 일어선다. 포만감에 기분이 더 좋아지는 것이다. 먹기에 편하고 끼니를 대신해서 더 없이 좋은 음식이다.

칼국수, 세월이 많이 흘렀어도 엄마손 칼국수는 엄마의 얼굴처럼 그립기만 하다. 칼국수가 목구멍으로 술술 넘어가듯 세상살이도 그리되었으면 얼마나 좋으랴.

오늘도 장칼국수 그릇을 앞에 놓고 자투리를 구워먹던 옛 시절이 떠올라 빙긋이 웃는다. 요즈음도 점심약속의 말이 나오면 으레 칼국수를 제안한다. 살가운 엄마손 칼국수는 내가 제일 좋아하는 음식이니 어쩌랴. 세월도 칼국수처럼 술술 잘도 넘어가고 있다.

4부

폭염주의보 발령

긴기니아 _
괴질병 환자의 착각 _
진달래의 꿈 _
동해, 생명의 바다 _
말의 씨알을 살리자 _
수필작가의 시대정신 _
빼어난 언어예술 _
답 장 _
망나니들의 막춤 _
고구마 사연 _
온실가스의 재앙 _

긴기니아

긴기니아, 너는 하늘의 향기를 나르는 전령사이다.

네가 우리 집에 안주한지도 벌서 23년이란 세월이 흘렀구나. 회사에서 내가 승진을 하였을 때 어느 지인이 보내준 축하의 꽃으로 기쁨을 안겨주었지. 너를 보는 순간 아름다운 군무에 취해 버렸지. 흰 물떼새가 땅으로 내려앉기 위해 날개를 반쯤 접고 하강하는 모습 같기도 하였지. 너와 얼굴을 마주대고 자세히 살펴보니 마치 규방의 다소곳한 아가씨의 맵시 같기도 하였지. 너는 유독 밝은 햇빛을 좋아해 낮에만 향기를 발산하는 성질을 지니고 있었지. 더구나 너의 향기는 순결하고 자연의 향기처럼 매혹적이지.

온 집안을 진한 향기로 가득 채워주는 너는, 우리 가족의 기쁨이요 자랑이기도 하지.

너에게 물어본다. 너는 햇빛과 공기와 수분과 흙이 주는 영양으로 살아가고 있는데 너의 몸 어디에다 향수공장을 차려 놓았느냐.

물을 담고 있는 듯 통통한 원통형의 희끗희끗한 줄기의 세포조직에서냐, 아니면 대나무 잎처럼 빳빳한 잎의 세포에서 제조하는 것이냐. 도무지 헤아릴 수 없구나. 너의 실바람 같은 자연스런 향기는 사람의 머리로는 도저히 만들어 낼 수 없는 거야. 너는 창조주의 의지대로 하늘의 향기를 생산하는 최고의 기술자야.

너의 순결한 얼굴을 자세히 들여다보면 흰 꽃잎 다섯 개, 턱잎 안에서 수술을 감싸고 있는 세 개의 작은 꽃잎으로 되어 있지. 꽃들은 긴 가지에 어긋나게 한 송이씩 피어나고 수줍은 듯 진한 향기와 미소를 띠고 있는 너는 어느 창조주의 작품인지 궁금하구나.

그리스로마의 신화에서는 신들이 새로운 생명을 창조할 때마다 새로운 꽃으로 탄생한다고 하는데 너는 어떤 생명의 창조물로 태어났느냐. 신화 속에서는 꽃은 사랑, 슬픔, 기쁨, 이별 같은 상징으로 나타나기도 한다고.

너는 우리 가족에게 사랑과 기쁨을, 마음의 안정을 전하고 있어 더없이 사랑스럽고 귀엽구나.

너는 햇수의 수레바퀴가 스물세 번 구르는 동안 한 해도 거르지 않고 새봄을 맞이하게 해 주었지. 너의 봄바람 같은 자연의 향기를 맡으며 새봄을 맞이하는 기쁨을 한껏 누리고 있지. 너는 분명 하늘이 보내는 향기의 천사요 상징이려니. 너는 벌, 나비의 도움 없이도 뿌리에서 돋아나는 새순을 이식하여 새로운 너를 번식하고 있단다. 생존의 방법도 재미있게 짜여 진 셈이야.

사람들도 너와 같이 마음을 사로잡을 수 있는 향기를 전할 수는 없을까. 사람의 향기는 냄새가 아니라 마음의 창고 속에 간직하고 있지. 마음이 가난한 자와 빈곤한 자에게 위로와 재물을 소리 없이 전해주는 사람, 바로 그런 사람이 너와 같은 향기를 지닌 사람이지.

너의 향기는 순결하고 사랑스럽고 매혹적이다. 너의 향기는 분명 창조주의 뜻을 담고 있는 것 같다. 하늘의 향기를 땅에서도 이루려는, "사람들은 하늘의 뜻과 같이 향내 나는 사람들로 살라."고 하는 그런 의미로 너를 메신저로 보낸 것 같구나.

긴기니아야, 우리 가족도 너의 성품을 닮아 향내가 나는 사람으로 살아가고 싶구나. 사랑스런 긴기니아야. 아름다운 긴기니아야.

괴질병 환자의 착각

육체적인 병은 의술로 고칠 수도 있지만 골수에 박힌 정신병은 고치기가 힘들다. 세상살이를 하면서 가끔 죄 중에 가장 무거운 죄가 무엇일까 하고 생각할 때가 있다. 아무리 머리를 굴려보아도 가장 무거운 죄는 조국을 팔아먹는 죄일 것 같다. 왜냐하면 모국의 주권과 동포의 인권을 팔아먹기 때문이다.

제주도 출신의 오선화란 괴질병 환자가 나라를 팔아먹는 중죄인이다. 오선화는 자신의 입신양명을 위해 제나라를 헐뜯고 비하하는 언동을 서슴지 않고 있어 분통을 터뜨리게 하는 것이다. 그녀는 일본의 극우세력의 앞장에서서 반한 깃발을 흔들며 대변인

노릇을 하고 있어 제일동포의 가슴에 못질을 하고 있다.

그는 1983년 일본으로 건너가 고젠카란 일본인으로 귀화하였으며 1990년 한국여성을 우롱한 '치맛바람'을 발표했다. 이 발표로 일본의 극우세력 파에서 유명인사가 되었다. 그는 또 '한국병합의 길' '반일 한국에 미래가 없다' '나는 어떻게 일본 신도가 되었나.' '애물단지 이웃한국의 정체' 등 한국을 혐오하고 비방하는 글 40여권이나 펴냈다고 하니 가슴을 치고 탄식할 노릇이다. 그는 극우세력에 업혀서 2004년 다쿠쇼쿠대 교수가 되었다.

오씨는 또 '일제의 식민통치는 조선의 경제와 교육발전에 크게 기여했다' '위안부 강제연행 불가능했다.' '한글전용 때문에 한국인이 노벨상을 못 받는다.'는 등 정신 나간 궤변도 늘어놓았다. 그는 2013년 4월 도쿄 총리관저에서 아베 일본 총리와 저녁식사를 함께 하기도 하고 일본 극우정치인들의 후원을 받고 있는 것으로 알려져 있다.

오씨는 2013년 7월 한국을 방문하였다가 인천공항에서 입국이 거부되었다. 그의 행적에 비하면 당연한 거절이 아니겠는가. 그런데 그를 비호하고 있는 산케이신문은 '문명국에서는 있을 수 없는 일이라며 한국에는 인권이 없다'라고 톱뉴스로 보도했다. 오씨와 산케이신문이 짝짜꿍이 되어 한국을 싸잡아 비아냥댄 것이다. 말문이 막혀서 할 말을 잊는다.

그녀는 눈 한 번 깜박이지 않고 조국을 팔아먹는 간 큰 창녀다. 죄인 중 죄질이 가장 나쁘고 비겁한 중죄인이다. 자신이 태어난 조국을 비난하고 삿대질하는 악명 높은 정신병자다. 오씨를 한국 법정에 세워서 징역 천 년을 선고받아야 마땅하고 일본 극우파의 뚜쟁이로서 목숨이 다 하는 날까지 사죄하여야 할 것이다.

일본이란 나라는 예부터 침략의 근성을 버리지 못하는 섬나라 사람들이다. 16세기에는 임진왜란을 일으켜 방화와 약탈과 살상으로 조선 땅을 쑥대밭으로 만들었고, 1910년 한일합병을 통하여 조선의 주권을 강탈하고 식민지화하여 온갖 수탈을 자행하였다. 1923년 일본관동대지진 때는 조선인이 독 풀고 폭동을 일으켰다고 선동하여 조선인을 닥치는 대로 학살하여 죽은 자가 만여 명에 이른다고 한다.

2차 세계대전이 일어나자 조선의 젊은이들을 전쟁터로 내몰았고 광산개발과 온갖 전쟁준비에 강제동원하고 부녀자까지 위안부로 끌고 갔으니 조선인의 생명과 인권을 유린하였던 것이다. 일본이 1945년까지 35년간 조선을 지배한 연유로 남북분단의 실마리까지 제공하게 된 것이니 그들의 죄과를 어떻게 다스려야 할 것인지 참담한 심정이다.

역사적으로 일본은 삼국시대로부터 우리의 문화를 전수받아 문명을 일으켰으며 이들의 혈관 속에는 한국인의 피가 가장 많이 흐르고 있다는 것을 기억하고 있어야 할 것이다. 일부 일본인들이 한국 사람을 무시하고 얕잡아보는 못된 버릇은 지금도 진행 중이다. 물론 양심적인 일본인과 지식인이 다수 있지만. 최근에 있었던 무라야마 일본 전 총리의 강연에 귀를 기우려보자. 그는 2014. 2,11 한국국회의원회관에서 열린 강연회에서 일본의 위안부 문제에 대해 "여성의 존엄을 빼앗은 형언할 수 없는 잘못을 저질렀으니 일본이 해결해야 한다."라고 말했다. 그러나 이들의 목소리는 극우파의 파고에 밀려 파묻히고 있는 실정이다.

그는 1995년에 주변국에 대한 침략과 식민 지배를 인정하고 사과하는 무라야마 담화를 발표한 바가 있다.

1960년대 일본열도를 충격에 빠뜨렸던 김희로 사건이 있었다. 제일동포 2세인 김희로는 1968년 2월 시미로시의 한 술집에서 "조센징, 더러운 돼지새끼" 라는 욕설을 퍼부은 야쿠자 두목과 부하 한 명을 엽총으로 사살했다. 그는 인질극 도중 기자회견에서 "한국인 차별을 고발하기 위해 사건을 일으켰다."라고 주장해 일본 사회에 큰 파문을 일으켰다. 그는 안중근의사를 가장 존경하고 있었다고 한다.

최근에는 한일 관계가 긴장되자 극우파들은 한국인은 일본 땅에서 물러가라며 가두행진을 벌이며 소란을 피우고 있다. 제국주의 향수에 젖어있는 아베총리가 세계여론을 무시하고 야스쿠니신사를 참배하고 엄연한 한국 땅 독도를 자기네 땅이라고 우기는 걸 보면 군국주의 전범들이 다시 살아나는 것 같아 몸을 떨게 한다.

아베정권이 제국주의 향수에 빠져 핏발을 세우고 있는 한 이웃 일본과의 국교정상화와 신뢰구축은 산 넘어 산이라 답답하고 한심스러워 말문이 막힐 뿐이다.

고젠카가 2013년 5월에 고향인 제주도에 땅을 구입했다는 신문보도를 보고 아연실색했다. 조국을 업신여기고 매도한 매국자가 어쩌자고 고향의 땅을 매입할 생각을 할 수 있었을까. 어찌 감히 이 땅에 발을 들여 놓을 생각을 했을까. 인면수심이 아닐 수 없다.

오씨는 더 이상 조국과 동족의 가슴에 못질을 해서는 안 되는 것이다. 그가 최소한의 양심과 인간의 탈을 썼다면 스스로 반성하고 죄를 뉘우치며 올바르게 살아가기를 간절히 바라는 것이다. 행여 그럴 수가 없다면 푸른 동해바다를 향해 천 년 동안 눈물 흘리는 돌할아방이 되어 주기를 바란다. 이도 저도 아니라면 자결의 길이라도 선택할 수 있는 기회를 열어 주는 것도 한 가닥 구원의 길이 아닐지.

오씨여, 최소한의 양심과 가치를 지니고 인간답게 살아가기를 간곡히 바라는 것이니….

진달래의 꿈

모든 생명체는 꿈을 꾼다. 꽃이나 뱀도.

사람도 꿈을 꾸기에 행복하고 희망이 보인다. 그러기에 꿈의 낙타 등에 타고 험난한 사막을 횡단하는 것이다.

문화를 일으키는 성가신 노동이나 산업화의 거센 물결을 마다하지 않고 이겨내는 고통도 풍요로운 삶을 꿈꾸기 때문이다.

해마다 새 하늘이 열리고 서설이 분분할 때, 따뜻한 봄바람이 진달래를 앞세워 온 산천을 붉게 물들일 때, 이따금 새 정부가 들어서 폭죽을 터뜨릴 때마다, 새 그릇에 새 꿈을 담듯 상스러운 새 세상을 점치며 귀빈처럼 새날을 맞이하곤 하였다. 그러나 세상인

심은 용꼬리처럼 요동치기도하고 긍정적인 시각과 부정적인 시각이 서로 마주치면서 평화를 누리지 못하고 있다.

역사란 큰 파도처럼 쉼 없이 소용돌이치며 흘러가는 것. 그래서 우리들의 팍팍한 삶은 꿈의 연속이요 기다림의 미학이기도 하다.

금년은 계사년 뱀의 해라고 한다.

풍요로움을 상징하는 뱀해에도 문화의 그늘이 짙게 드리워지고 있다. 바로 문학의 실종시대가 빠르게 진행되고 있기 때문이다.

요즈음 전국의 서점이 계속 문을 닫고 있다는 소식이고 젊은 세대들이 스마트폰이나 인터넷에 중독되어 혼을 빼앗기고 있는 실정이라 내일이 어둡게 바라보일 뿐이다.

문화의 다양한 진화와 종이 매체의 급속한 퇴조는 당연한 추세라고 성급하게 결론을 내린다면. 그러나 문학은 인간이 지구상에 생존하는 한 단절될 수 없는 영혼이라고 주장해본다.

아무리 생활이 과학화 되고 머리가 삭막해져도 근저에 흐르는 문학의 혈통이야 말로 메마른 혼을 위로하고 구원하는 요소가 될 것이다.

언어의 융합과 감성이 세상의 화평을 이끄는 조건이요 매신저인 것이다. 결국 문학의 근간인 휴머니즘이 세상을 밝히는 어둠의 빛이요 목마른 자들의 생명수가 될 것이다. 그래서 작가나 시인은 그 시대의 형상이요 대변자이기도 하다.

사람과 가까운 뱀은 칭송의 동물이기도 하지만 혐오스러운 기피 동물이기도 하다.

성경의 창세기에는 '들 짐승 중에 뱀이 가장 간교하더라.'고 기록되어 있다. 뱀이 두 가닥의 혀를 날름거리며 하와를 유혹하여 선악과를 따 먹게 하고 결국 에덴동산에서 쫓겨나게 한 장본인이 바로 뱀의 교활함 때문이다.

뱀은 간교하고 독을 가지고 있는 찬피동물로 멀리하지만 고대의 신화나 토속신앙에서 긍정적인 평가를 받기도 한다. 요즈음은 보신용 동물로 취급하여 펄펄 끓는 약탕기에서 죽음을 맞이하기도 하고 화장품이나 의약품의 원료가 되기도 하니 손 사레를 칠 일만은 아닌 것 같다.

뱀은 추운 겨울에 동면에 들어갔다가 봄이 오면 기지개를 켜고 바깥세상을 맞이하는 지혜로움이 있다. 알을 많이 낳아 다산과 풍요를 상징하기도하며, 허물을 계속 벗어 새 생명으로 거듭나기 때문에 새로운 출발과 영생을 뜻하기도 한다.

뱀의 해에 새 봄을 맞이한 수필가들도 새로운 각오로 낡은 고정관념과 안이한 창작기법을 벗어던지고 수필의 새 틀을 마련하여 시대가 요구하는 작가로서의 면모를 갖추어 나가야 하지 않을까.

뱀이 거듭 허물을 벗으며 성장하듯 수필작가들도 시대정신을 인식하고 참여의식을 확대시켜 나가면서 디지털문화를 극복할 수 있는 기법을 창안해 가야 할 것이다.

세상을 넓게 멀리 바라볼 수 있는 시대정신의 중심에 문학이 자리하고 있다.

새로운 문학세계로의 약진은 우리 작가들에게는 늘 정의로운 가치요 무거운 짐이기도 하다.

'앞동산의 진달래가 산불을 놓는다. 불꽃은 삽시에 활활 타오르며 이산 저산으로 옮겨 붙는다. 화관을 쓰고 북을 두드리며 남사당패거리처럼 덩실덩실 춤을 춘다.'

봄처녀 같은 설레임으로 새 세상을 꿈꾸어본다.

제발, 정성을 다하는 진달래의 꿈이 개꿈이 아니기를 간절히 소망해본다.

동해, 생명의 바다

땅은 아버지요, 바다는 어머니다.

육지의 생물들은 생존경쟁을 통하여 생명을 잉태하고 번식하며 자연의 섭리에 순응하고 있다.

바다는 어머니의 품처럼 자애롭다. 땅의 생명체를 키우고 번성시키는 것은 순전히 바다의 은혜로움이다. 바다에서 증발한 수증기가 하늘에 올라 구름을 만들고 비를 뿌려 대지에 생명수를 공급해주고 있기 때문이다. 생명의 씨앗은 땅에 뿌리를 내리지만 이를 생성케 하는 생명력의 시원은 어머니의 바다가 제공하고 있는 것이다.

바다도 육지처럼 온갖 생명체를 기르며 보호하고 있다. 숨 막힐 듯한 물속에서 생명의 기적을 만들어가고 있다. 바다는 거대한 베일에 가린 것처럼 내밀하게 생명체를 키워내는 신비의 세계다. 깊고 넓은 바다는 풍부한 지하자원을 깊숙이 숨겨 두고 있으며 수많은 종류의 물고기와 고래, 코끼리물범, 상어, 펭귄, 해조류 등을 기르고 있다. 육지와 바다는 부부와 같은 생명의 공동체다.

푸른 동해를 옆에 끼고 살면서도 바다가 그리워지는 것은 모정의 바다이기 때문이다. 유년시절의 바다는 끝없이 넓고 아득했다. 먼 수평선을 바라보며 미지의 세계를 그리고 돌고래가 파도를 가르듯 바다 건너 낯선 땅으로 항해하려는 무지갯빛 꿈을 키우며 자랐다.

여름 날, 바다와 금모래 밭은 우리들의 놀이터요 수영장이었다. 검은 인어가 되어 돌고래처럼 파도를 타며 즐거워했다. 거침없이 세상을 헤엄치며 자유롭고 싶었다. 다른 세상 사람들과의 동행, 어울림, 평화와 행복을 그리는 꿈은 바다의 에메랄드빛처럼 빛났다. 후일 바다에서 익힌 수련은 개구쟁이들을 건강한 청년으로 길러주었고 세상을 살아가는데 밑거름이 되어 주었다. 뜨거운 여름철을 보내려면 뱀처럼 세 번 정도 허물을 벗어야만 지글지글 타던 여름날은 물러갔다.

풍요롭던 동해가 메말라가고 있다.

수산 기술의 발달로 싹쓸이 어업이 성행하면서 팔팔 뛰던 고기는 씨가 마르고 있다. 그 흔하던 명태, 대구, 오징어, 고등어, 꽁치도 흉어기가 계속되고 있다. 연근해 어장뿐 아니라 먼 바다의 어장도 고갈되어 가고 있다.

옛 묵호는 동해어장의 중심지였고 무연탄을 실어 나르는 번창한 항구였다. 현대산업화가 진행되면서 석탄생산은 한계에 이르렀고 쌍용양회의 시멘트 수출기지로 동해항이 개발되기 시작하였다.

지금은 각종 물동량이 늘면서 동해안의 해양물류 중심지로 떠오르고 있다. 하지만 동해지역의 산업화가 지연되면서 동북항로와 일본 등 다른 나라와의 교역도 활발하지 못하여 동해항의 발전이 발목을 잡히고 있다. 최근에 경제자유구역으로 지정되었지만 항구의 발전과 번영은 전폭적인 국가지원과 배려 없이는 이루어지기 힘든 조건을 안고 있다.

우선 동해안의 여러 지역에서 환경에 맞는 산업화가 이루어져야 한다. 동해 연안 여섯 지역이 황금별로 떠오르려면 정부와 지방과 타국과의 교섭이 꾸준하게 이루어져야 한다. 먼저 주민들의 의지가 앞장 서야 하고 대양으로 뻗어나가려는 개척정신이 꾸준히 진행되어야 한다.

지구의 마지막 남은 자원의 바다.

생명의 바다를 지키고 가꾸며 번성해 가는 길은 오로지 동해안 주민들의 의지와 지혜의 결집에 달려 있다. 바다는 삶의 터전이요 자원의 보고이며 마지막 남은 인류의 생명줄이다.

동해항, 어업의 전진기지로, 세계를 누비는 무역항으로 거듭나야 할 것이며 그것이 우리들의 소망인 것이다.

모정과 같은 바다, 생명의 바다를 지키고 슬기롭게 차용하여 우리들 삶을 윤택하게 건져 올려야 하지 않을까.

푸른 동해가 손짓하고 있다.

부산하게 드나드는 화물선단, 땀 흘리는 하역장, 만선의 깃발을 나부끼며 돌아오는 어선들이 환영처럼 떠오른다.

동해에서 솟아오르는 밝은 햇살처럼 동해안이 축복의 땅이 되었으면, 신비스런 생명의 물결에 실려 우리들의 삶도 풍요로워졌으면 한다.

말의 씨알을 살리자

사람은 말을 소통하기 위해 세상에 태어난다. 말을 배우고 익히며 말을 통하여 교섭하고 말을 실현하기 위해 일생을 바치는 것이다.

사람은 얼핏 말의 지배자인 것 같지만 말의 노예나 다름없다. 말의 참뜻을 따라야 하기 때문이다. 말은 사랑과 진리를 품어야하고 정의로움으로 하여 세상을 밝게 만들어가야 한다.

'태초에 하느님과 말씀이 계셨고 말씀이 사람이 되시어 우리 가운데 사셨다. 말씀에는 은총과 진리가 충만하였다.'라고 성경에 기록하고 있다.

본래 말은 사람을 축복하기 위한 생명력이요 평화와 사랑을 실현하기 위한 구원의 메시지인 것이다.

요즈음 디지털시대로 접어들면서 말의 의미가 상실되고 마구잡이 말이 성행하면서 불신이 퍼져나가고 말이 말을 집어삼켜 구린내 나는 말을 배설하고 있다. 말의 횡포가 심하여 사회에 불안을 조성케 하고 의견이 다른 상대를 육식동물처럼 씹고 물어뜯는다. 옳은 말이 상처받고 궁지에 몰려 말의 실종시대에 살고 있다.

민주주의란 정치체제도 말이 우선이다. 말을 주고받으면서 이견을 좁히고 공동선을 찾아내어 사회통합을 이루며 더불어 사는 사회를 만들어가는 것이다.

문학도 말의 통합이다. 말을 직조하고 말의 알곡을 골라 수를 놓고 창작하여 사람들에게 위안을 주고 마음의 어둠을 밝혀주는 등불이 되는 것이다.

태초에 말은 인간의 생명과 번영을 지키기 위해 탄생한 것이다. 그러나 인간사회는 서로 갈등하고 충돌하면서 증오를 낳고 말싸움을 계속하다가 등을 돌리고 전쟁을 일으키게 되는 것이다.

요즈음 우리사회는 혼돈의 극치를 보는 것 같아 실망스럽고 불안하다. 정치가들과 사회지도자들의 분열을 조장하는 무책임한 언동, 젊은이들의 인터넷시장에서의 무분별한 욕설과 폭언, 이들은 말을 토막 내고 말의 본질을 훼손하고 오도하는 말의 범법자들이다. 개인과 집단의 이익을 위해 걸핏하면 가당치도 않게 국민을 빙자하고 볼모로 하여 사회질서를 파괴하고 민주주의를 곤두박질치게 하여 사회를 어지럽히고 있다. 지금 우리나라의 민주주의는 말의 폭력 앞에 기진하여 쓰러지기 직전이다.

말은 한 번 뱉으면 물처럼 주워 담을 수 없는 속성을 지니고 있다. 말은 신중하게 골라 써야 하고 말의 발설에 대해서는 책임이 따라야한다. 말로 상대를 헐뜯고 중상모략하고 선동이 판치는 사회는 파탄만 부를 뿐 미래가 없다.

민주주의는 엄연히 법이 뼈대가 되어 국민의 안녕을 지켜주는 제도다. 법질서가 무너지고 무법이 활개 치게 되면 국운은 기우러지기 마련이다.

말이 법을 만들고 법이 말을 다스린다. 법 앞에서는 모두가 평등한 권리를 누려야하며 행복권을 보장받아야 한다. 그러기위해서는 법을 지키는 것이 민주주의의 기본질서다.

말은 인류의 자산이며 평화의 목소리다. 말을 주고받으며 오해와 불신을 풀고 서로 이해하고 화합하여 우리란 공동체를 돈독하게 보존 발전시켜 나가는 것이다.

지금 세계의 열강들이 각축전을 벌이고 있다. 정치, 경제, 문화, 영토 등 자기나라의 권익과 세력 확장을 위해 눈에 불을 켜고 있다. 열강들 속에 갇혀있는 이 나라의 장래를 걱정하지 않을 수 없다. 세계정치 판에 균열이 생기고 힘의 균형이 깨어져 요동치는 날에는 우리나라의 국운과 경제는 하루아침에 무너질 수밖에 없는 취약점을 안고 있다. 미래를 예측하고 대비하지 못하는 개인이나 사회는 불행의 역사를 부를 뿐이다.

올바른 말이 대접받는 시간이 빨리 왔으면 한다. 그것은 우리 공동체의 책임이며 운명인 것이다. 바르게 생각하고 정직하게 말하자. 말의 진의를 살려내 정의로운 사회를 만들어가야 한다.

말의 변신인 문학을 통하여 소통의 의미를 넓혀 나가야한다. 말은 봄바람 같은 따뜻함이요 설득력 있는 웅변이며 하늘의 음성을 대신하는 사랑과 평화로움이다.

민주주의 풀뿌리가 자리를 잡고 자라야 번영을 약속받을 수 있고 행복한 사회를 만들 수 있을 것이다. 말의 씨앗을 살려 정의로운 민주국가로 발돋움하도록 온 국민이 힘을 합해야 할 때이다.

말의 해에, 조랑말이 아닌 준마를 타고 태고의 말의 참뜻을 되새기며 힘차게 전진해 나가야 하지 않을까. 행, 불행은 모두 우리들의 하기 나름이다.

수필작가의 시대정신

문학은 시대의 산물이자 증인이다.

그 시대의 정신이며 정서다. 작가의 의식 속에는 사회상에 대한 식견과 통찰과 비평정신이 깃들어 있어야 한다. 작품이 일상의 사소한 생활이야기나 서정성에만 안주한다면 문학의 본질을 약화시키고 독자로부터 외면 받게 될 것이다.

세상에서 일어나고 있는 숱한 문제점과 사건들, 정치, 경제, 종교, 환경, 문화 등이 갈등하고 충돌하는데도 애써 외면하고 방관하는 태도는 작가의 양심을 저버리는 행위다. 최근 수필문단에 많은 수필작가가 등장하고 수많은 작품들이 쏟아져 나오지만 정작

시대의 문제점을 지적하고 개선하여 아픔을 치유하려는 작품은 만나기 어렵다.

에드워드 뉴턴은 에세이는 끊임없이 번쩍이는 사상, 한결같이 웅변적인 문체, 꿰뚫어보는 통찰의 눈이 있어야 한다고 밝혔다. 수필가는 체험과 사실묘사에만 사로잡히지 말고 입체적인 시각으로 사물에 대한 통찰력을 지녀야 한다.

한국사회는 갈등과 분열의 전시장을 방불케 한다. 공격과 비방을 일삼고 신뢰와 치유의 기능을 상실한 위기상황이다. 선동, 편가르기, 적개심, 불법의 광기 등 사회혼란을 부추기며 국가의 정체성을 잃어가고 있다.

민주주의는 허울뿐 넘치고 처져서 그 가치를 상실한지 오래다. 사회 정의는 곤두박질치고 불법이 판치는 세상이 되었다. 조상은 부관참시를 당하고 양심 가는 매도되어 물에 빠진 생쥐처럼 초라하게 되었다.

역사란 수레바퀴는 진흙탕에 빠져 허우적거리고 정의와 진리가 설 자리를 잃었다. 이조시대의 당쟁을 어찌 그리도 빼닮았는지 한마디로 개판이고 난장판이다. 역사를 올바로 세우지 못하고 지도자를 기르지 못하는 나라는 미래가 없다. 슬픈 역사의 주인공이 될 뿐이다. 그래서 오늘이 불안하고 내일이 두렵다.

포크너는 문학은 인간이 어떻게 극복하고 살아가는가를 가르친다고 하였다. 문학은 시대의 거울이요 대변자다. 사회의 불안을 걸러주고 신선한 바람을 일으켜주는 메신저 역할을 담당해야 한다.

수필은 예술의 경계를 넘나들 수 있는 통합문학이다. 수필이야말로 금세기의 혼돈을 치유할 수 있는 예술이다. 수필의 영역을 넓히기 위해 몇 가지 제안을 한다.

칼럼수필을 쓰자. 시사수필은 현장에서 일어나고 있는 사건을 다루기 때문에 독자와의 접근성이 용이하고 논리적인 비평을 곁들이고 있어 대중과의 소통과 공감대를 형성할 수 있는 장점을 지니고 있다. 사실적이고 구체적이며 합리적이기 때문에 설득력이 강하여 이성적인 판단을 유도할 수 있다.

예를 든다면 모 일간지 논설위원은 명 칼럼리스트이다. 그의 칼럼은 사건의 문제점을 지성적으로 통찰 해부하여 해결의 실마리를 제시해준다. 비평에 문학성을 가미하고 있어 높은 경지의 수필세계를 구축하고 있다. 그의 글에는 흡인력이 있고 포용력이 있어 널리 읽히고 있는 칼럼수필의 전범이라고 할 수 있겠다.

차제에 서구에세이의 개념을 전폭 수용할 필요가 있다. 논리적이고 이성적인 서구에세이의 이식이 필요하지 않을까. 사회비평정신이야말로 수필이 추구해야할 대안이기도 하다.

단 수필의 시도가 한 방법이다. 이미 수필문학사에서 단 수필을 연재하고 있어 단 수필의 의미가 많이 전파된 상태다. 수필문학에서 계속 발표하고 있는 작가의 단 수필을 주목해 볼 필요가 있다.

혼탁한 영상매체의 굴레에서 벗어나기 위해 문체의 혁신이 요구되는 때이기도 하다. 단 수필은 인터넷에 매몰되어 있는 젊은 세대들을 올바른 정신세계로 이끌 수 있는 한가지의 방안이 될 수 있다. 짧은 시간 큰 울림을 전달할 수 있는 장점을 지니고 있기 때문이다. 쪽지수필은 시적 감성과 웅변적인 호소력과 경구적인 자극제를 두루 지니고 있어 개척해야할 분야다.

동 수필을 권장해본다. 체험, 흥미, 재미를 소재로 삼아 청소년 세계를 파고든다면 충분히 매력적인 수필이 될 수 있다. 청소년들의 흔들리는 정서를 순화시켜주고 스마트폰에서 해방시켜 줄 수 있는 한 방법이 되지 않을까. 동 수필은 동화적이고 친화적인 화술을 동원하여 청소년들에게 인성을 길러주고 꿈을 심어 줄 수 있는 정신교육의 한 방법이 될 수도 있다. 한국 어머니들의 교육열이 식지 않는 한 동 수필시장의 확보는 무난할 것이며 환영받을 수 있는 수필로 자리매김할 수 있을 것이다.

김우종 평론가는 수필은 시나 소설과 달리 빈틈없는 명석한 논리를 생명으로 삼고 매력으로 삼는 산문예술이라고 하였다.

수필시대의 부름에 답하기 위해 칼럼수필, 단 수필, 동 수필 등을 개척하여 수필세계의 지평을 넓혀가야 할 것이다. 수필 속에는 문드러지지 않는 사상의 뼈대가 세워져야 하고 뜨거운 피가 흘러야 한다. 수필작가는 깨어있는 시대정신으로 정의를 옹호하고 진리를 지키기 위해 혼신의 힘을 다하여 수필창작의 문을 계속 열어 나가야 할 것이다.

빼어난 언어예술

강릉시여성문화센터 306호 강의실.

문해반 교실의 책상은 모두 칠판 앞으로 바짝 다가가 있다. 강사와 수강생 사이는 아기가 엄마의 곁에서 떨어지지 않으려는 모습과 흡사하다. 막내딸 같은 젊은 여선생과 허리구부정한 어머니 수강생들, 그들의 만남은 모녀간처럼 다정하다.

침침한 눈을 부릅뜨고 강사가 그려나가는 ㄱ, ㄴ, ㄷ, ㄹ을 따라 읽으며 떨리는 손으로 글자를 비뚤비뚤 어설프게 그려나간다.

농사일이나 손자보기보다 더 힘들어 보인다. 아기의 걸음마처럼 무척이나 힘들게 또박또박 새겨나간다. 평생을 까막눈으로 살면서 얼마나 답답하고 불편하고 부끄러웠을까. 남아선호사상과 가난과 농경사회의 불평등한 사회구조 때문에 가사노동의 희생양이 되고 배움의 기회를 잃었던 어머님들, 양털 같은 흰머리 쓰고 흐린 눈을 비비고 머리를 두드려가며 한자 한자 더듬는다.

부단한 노력 끝에 한글을 깨우치면서 기쁨과 자긍심을 얻게 되고 드디어 까막눈에서 눈을 뜨게 되어 한글을 읽고 쓰게 된 근면한 어르신들. 그토록 소원이던 편지를 쓰게 되고 신문을 읽게 되고 비로써 자신의 의사를 마음대로 표현하고 전달하게 되었으니 분명 새 세상을 맞이하게 된 것이다.

배 움

(문해반) 김 복 수

부지런히 시간을 쪼개어/ 공부하는 이만이
배움의 소중함을 안다.
온 힘을 기울여/ 공부하는 이만이/ 배움의 깊은 뜻을 안다.
땀 흘려/ 온몸을 적셔 공부하는 자만이/ 배움의 즐거움을 안다.
땀의 노력으로/ 이루어진 한글공부는/ 빛나는 탑이
되어 높이 선다.

시와 산문을 쓰게 되고 욕심을 내어 동화구연도 배워서 양로원도 방문하고 아이들에게 책 읽어주기 봉사활동도 펼치게 되었으니 고기가 물을 만난 듯 경이로운 세상이 활짝 열린 것이다. 덩실덩실 춤추며 비로써 인생의 행복과 보람을 맛보게 되는 것이다. 이토록 배우기 쉽고 쓰기 쉬운 한글을 만드신 분께 감사를 드릴 수밖에 없는 것이다.

세종대왕께서는 궁중에 정음청을 두고 집현전 학사들을 독려하고 지도하여 훈민정음 28자를 창제하였다. 당시만 해도 한문은 특정계층의 전유물로 사용되어 일반백성들은 모든 학문에서 제외되어 있었다. 이를 안타깝게 생각한 세종대왕은 학사들의 반대를 무릅쓰고 온 백성이 두루 문자를 사용할 수 있도록 1446년 훈민정음을 반포하였던 것이다.

한글은 원리나 형태가 독창적이고 과학적이다. 언어의 표현방법이 다양하고 어휘가 풍부하여 뛰어난 소리글이다. 세계에서 가장 우수한 문자로 평가받고 있어 우리의 자랑이기도 하다.

나라 글은 민족의 주체성을 확립하여 주고 문화민족의 기틀을 마련해주기도 한다. 말은 의사소통의 통로요 문자는 문화 창달의 구심점이다. 말과 글자의 융합은 집단의 목적을 달성시켜주는 수단이 되고 문화부흥의 뿌리가 되어주는 것이다. 우리에게 한글이란 뛰어난 문자가 있어 복 받은 민족이다. 그 중심에 위대한 세종대왕이 서 있는 것이다. 찬양하고 감사할 따름이다.

오늘날 한국문학과 문화는 괄목할만한 성장을 이룩해나가고 있다. 한국문화의 해외전파는 현재진행중이다. 작은 나라에서 세계무대로 넓혀가고 있는 문화예술의현상은 모두 한글이 그 토대가 되어주는 것이다.

우리에게 주어진 한글이란 언어공동체, 민족의 동질성을 담보해주고 독특한 문화를 형성할 수 있는, 정보의 교류와 통섭을 통하여 나라 부강의 기틀을 잡아주고 세계로 뻗어나갈 수 있는 통로가 바로 빼어난 한글문화다.

한글, 축복받은 우리 민족의 화려한 언어 예술이다.

답 장

소소하게 누릴 수 있는 감성의 물기, 그게 바로 편지쓰기다. 우편물의 대다수가 문집류다. 수필집, 시집, 소설집들이 먼 곳에서 꼬박고박 찾아오는 것이다.

표지의 인상, 크기, 두께, 내용에 따라 내 마음을 다양한 색채로 물들여준다. 눈 코 뜰 새 없이 바쁘게 돌아가는 혼잡한 문명사회에서 거북이걸음 같은 친필 편지쓰기가 가당키나 한 것일까. 대부분 이메일이나 문자메시지, 전화로 책을 받았다는 인사를 대신한다. 시간을 절약하고 간편해서 좋은 모양이다.

그러나 나는 구닥다리 인생을 살고 있다. 생각이나 행동이 굼떠서 마치 흑백영상시대의 맞춤형 같다. 문집을 받고 여느 사람들처럼 간편하게 답신을 대신할 수 없는 것이 병이다.

이유는 간단하다. 작가가 한편의 작품을 완성하기 위해 바치는 열정과 고뇌를 알고 있기에, 고달픈 나의 창작과정과도 닮았다는 생각에. 또한 작품 한 편 한편을 문집으로 묶고 출판하여 여러 작가들에게 우편으로 발송하면서 작품평가를 어떻게 받을 까하고 마음 졸이는 심정을 지나칠 수가 없기 때문에, 그리고 내 심중의 말 한마디쯤 곁들일 수도 있기 때문이다.

문집을 받고 보낸 이의 정성과 수고를 고마워하고 앞으로도 좋은 글을 발표하여 문학과 문단의 빛이 되어 달라는 위로와 격려의 말을 편지에 실어 보내게 되는 것이다.

여러 가지 작품에는 작가의 철학과 사유의 공간을 나누어 주고 있어 공감과 감동을 얻을 때가 많다.

꽃의 종류에서처럼, 눈에 잘 띄지 않는 순결한 별꽃부터 눈을 유혹하는 화려한 장미에 이르기까지 품격과 아름다움과 향기가 제 각각이다. 글도 작가의 눈높이에 따라 다를 수는 있겠지만 작품 나름대로 생명체를 지니고 독자층을 형성하고 있다는 것에 이의를 제기하지 않는다.

편지를 쓸 때 종이위에 그려지는 필체를 따라가면서 잔잔한 감정의 흐름과 생존의 의미를 되새겨 보기도 한다. 나의 글씨체는 악필이다. 젊은 시절 소설공부를 한답시고 원고지 위에 휘갈겨 쓰던 버릇이 아직도 손에서 떠나지 않고 있다. 써놓고도 무슨 글자인지 분간을 하지 못하는 경우도 종종 있으니까. 그래서 받는 이에게 실례가 되지 않을까하고 걱정이 되기도 한다.

외국의 어떤 작가는 내가 보낸 서신을 액자에 넣어 걸어놓고 향수를 달래고 있다고, 친필이 옛 정취를 되살려주고 필체가 예사롭지 않아 귀하게 보관하겠다고, 그러나 대부분 칭찬과 격려에 감사하다며 통신매체로 간단하게 인사를 대신하기도 하고, 더러는 친필로 답을 보내기도 한다.

문학은 언어와 언어의 소통을 통하여 문학성을 찾아가는 글이다. 서신은 사람의 마음과 마음을 연결시켜주는 소통의 글이다. 편지쓰기도 정서의 교류와 짧은 글 쓰기의 동일선상에 놓여있는 것이 아닐까.

글에서는 작가의 체험, 환경, 사상, 교양과 냄새, 목소리까지도 음미할 수 있다. 그 귀한 소리의 울림들을 지나칠 수 없어 나름대로 종이서신을 고집하고 있는지도 모르겠다.

우편물을 빨간 우체통에 집어넣고 돌아선다. 때마침 하늘에는 비둘기들이 날고 있다. 저 비둘기들이 편지를 물고 곳곳의 주소지로 날아가 평화의 메시지를 전하여주지 않을까.

편지쓰기는, 어쩌면 현란한 디지털영상시대에 어깃장을 놓는 늙은이의 옹고집 같기도 하지만 아마도, 답장쓰기는 기력이 다할 때까지 이어지지 않을까 싶다.

편지는 속내를 주고받는 글이다. 그래서 오늘도 답장을 쓰기위해 돋보기를 끼고 보내준 문집을 읽고 있는 중이다.

손바람 같은 편지 쓰기는 나에겐 행복을 만드는 조각보이기도 하다.

망나니들의 막춤

정라진 시장 안 광복보신탕집, 그 집 앞에는 비실비실한 누렁이 한 마리가 늘 줄에 매달려 있었다. 광복댁은 외아들인 광복이를 하늘처럼 받들고 살았다. 광복 애비가 오징어 배를 타고 바다로 나갔다가 풍랑을 만나 수중고혼이 된 후로 오직 아들 하나에만 기대어 살았다. 광복절에 태어난 광복이는 한 마디로 개고기였다. 초등학교를 겨우 졸업한 광복이는 중학교 진학은 아예 포기하고 하는 일 없이 쏘다니며 술주정을 부리고 시비를 걸며 행패를 일삼아 어미의 속을 무던히도 썩였다. 광복댁의 치맛자락은 눈물이 마를 날이 없었다.

개과천선이랄까, 망나니였던 광복이가 철이 들기 시작한 것은 건너 마을의 야무진 아가씨와 혼인을 하고 난 후부터다. 보신탕집을 물려받은 광복내외는 금실 좋은 부부로, 장사 잘 하는 소문난 보신탕집으로 바뀌어 갔다. 내 어릴 때의 보신탕집 풍경이었다.

한국 사람들은 개고기를 좋아한다. 원래 보신탕은 여름한철 몸 보신용으로 즐겼다. 개울가에서 개의 목을 올가미로 조여 나무에 매달고 살겠다고 버둥거리는 놈을 몽둥이로 두들겨 패서 잔인하게 죽였다. 그래야만 고기 맛이 제대로 난다고 하면서. 어릴 때 그 끔찍한 광경을 종종 목격하면서 보신탕에 대한 거부감이 마음에 자리 잡게 되었다.

예부터 보신탕은 허약한 사람이나 결핵환자의 영양보충용으로 선호했던 것이다. 그랬던 것이 대중음식으로 환영받으면서 지금은 보양식으로 일반화 되었다.

인사동 골목에 유명한 보신탕집이 있었다. 음식 값이 워낙 비싸서 월급쟁이들은 아예 엄두도 내지 못 하였다. 그 집 앞을 지나다니며 간판만 눈에 익혔다.

개고기를 실컷 먹을 기회가 찾아왔다. 회사의 소속부장이 보신탕 애호가였다. 애호가를 뛰어넘어 개고기에 환장을 한 분이었다. 보름에 한번 꼴로 계절에 관계없이 직원들을 몰고 응암동 단골 보신탕집으로 행차하였다. 물론 보신탕집 주인으로부터 대환영을 받는 것은 물론이다. 부장님이 부추기는지라 꽁무니를 뺄 수도 없고 따라가긴 하였지만 항상 뒷맛이 개운치 않았다.

개 팔자 시대가 찾아왔다.

요크셔테리어 같은 애완용개의 종류와 숫자가 부쩍 늘어났다. 모두가 수입종이다. 가슴팍에 안을 수 있을 정도로 대부분 작고 귀여워서 목구멍으로 넘길 생각은 아예 없을 것이다. 사람보다 더 융숭하게 대접받고 호사스런 생활에 길들여져 자식처럼 사랑 받고 있다. 죽어서도 주인의 애도 속에 무덤으로 들어간다. 개 팔자가 사람팔자보다 앞서가는 시대가 온 것이다.

개는 충성심이 강하다. 사냥개나 진돗개 종류는 특히 그렇다. 불구덩이에서, 물에서, 강도에게서, 위급한 상황에서 주인을 구출하고 집을 지켜주기도 한다. 몇 백리 밖에 버려도 용케 집으로 찾아온다. 훈련된 개는 마약을 찾기도 하고 시각장애인의 길잡이가 되어 주기도 한다. 군견은 경계심이 강하여 전선에서 군사용으로 활용하고 있다. 한 술 더 뜬다면 개의 뛰어난 후각으로 전립선암까지도 찾아낸다고 하니 사람에겐 귀한 동물일 수밖에 없다.

그런데 이것도 저것도 아닌 잡견이 많다. 버려져도 사람들의 관심 밖이다. 그런데 보신탕 애호가들이나 개백정의 눈초리에서 벗어날 수 없는 것이 이들의 운명이라 사람의 몸보신용으로 희생양이 되어주는 것이다.

중동의 이슬람국가에서는 개는 애완용도 식용도 아니다. 버려진 들개에 불과하다. 이슬람의 시조인 무함마드가 개를 호랑이나 사자, 늑대처럼 맹수로 분류하였기 때문에 개를 기피하게 되었다고 한다. 아마도 개의 조상이 늑대였기에, 하는 짓도 늑대를 닮았기 때문에 멍에를 뒤집어쓴 것 같다. 또 다른 말도 있다. 무함마드가 동굴에 숨어서 기도를 드리고 있을 때 동굴입구에서 개가 짖었다고 한다. 만일 반대파들에게 발견되면 위험에 빠질 수도 있다고 하여 개를 경계의 대상물로 지목하면서 버려진 동물이 되었다고 한다.

중동의 개들은 사막과 들판을 자유자제로 쏘다니면서 자유를 누리고 종족번식을 이어가고 있어 개들의 천국이다. 사우디아라비아로 건너간 한국의 근로자들은 지독한 환경과 열사에 시달리면서 중동건설의 붐을 일으켰다. 그 땀의 결정체로 한국경제발전의 밑거름이 되어 주었던 것이다.

주인 없이 몰려다니는 들개들이 한국근로자들이 던져주는 먹이에 앞 다투어 쟁탈전을 벌이고 주위를 맴돌고 있는 터라 한국인의 눈독에서 벗어날 수가 없었다. 보신용으로 지목된 들개들이 한 마리 두 마리 사라지기 시작하였고 사막의 바람을 타고 개를 태우는 누린내가 마을까지 퍼져나가 주민들의 코끝을 자극했던 것이다. 결국 무슬림들의 항의가 빗발쳐 곤욕을 치른 일화도 전하고 있다.

'개망나니 같은 사람'하면 성질이 사납고 언행이 거칠어 남과 시비를 자주벌이는 몹쓸 사람을 일컫는다. 요즈음 우리 사회에 개고기 같은 사람들이 판을 치고 있다. 권력을 이용하여 부정부패에 빠져있는 모리배들, 민주주의와 국민을 볼모로 잡고 법과 질서를 짓밟으며 나라를 혼란에 빠트리는 무법자들, 정의의 깃발을 앞세우면서 국민의 행복권과 복지를 외면하는 파렴치한들, 노동력을 착취하고 경제를 파탄으로 몰고 가는 시정잡배들, 기득권을 움켜쥐고 마지막까지 제 밥그릇만 지키려는 패거리들, 나라의 안녕과 공동체의 운명을 뒷전으로 팽개치는 무책임한 공범들.

이들 망나니집단들을 몽땅 중동의 사막지대로 방출하면 어떨까. 아무에게서도 간섭받지 않고 싫은 소리 듣지 않는 더 넓은 사막에서 저희들끼리 물고 뜯으며 으르렁거리게 내버려두면 좋지 않을까. 개거품을 물고 신명나게 막춤을 추며 자유를 맘껏 누리고 사막의 들개들처럼 마음 내키는 대로 행동할 수 있는 열린 땅, 그곳이 지상천국일 것이다.

국가발전의 장애물인 이들이 세월이 흘러 자유방종에 지치고 빵과 고국이 그리워 눈물질 때, 아귀다툼만 하던 이들의 영혼이 정화될 때쯤 다시 불러들여도 늦지 않을 터인데.

내일은 초복이다. 이열치열이라고 했던가. 보신탕은 아예 밀쳐 버리고 삼계탕으로 더위를 쫓아야겠다. 멍! 멍! 이 아니라 꼬꼬댁! 꼬꼬댁! 으로.

고구마 사연

"선생님, 댁에 계세요?" "지금 외출 중인데요."

"제가 고구마를 가지고 가는데 어떻게 할까요?" "경비실에 맡겨두면 되겠는데요. 웬 고구마는요, 미안합니다." 전화로 K여류수필가와 통화하면서 고구마 사연이 떠올랐다.

2002년 8월, 루 사 태풍은 집중적으로 영동지역에 많은 비를 내려 그 피해가 전국에서 가장 심했던 것이다. 태풍이 지나간 며칠 후에 피해를 보았다는 k수필가의 집을 찾아 나섰다. 천지개벽이 난 것처럼 강바닥이 모두 뒤집히고 길은 온데 간 데 없이 사라졌다. 길 없는 길을 짐작으로 만들어가며 겨우 그의 집에 도착할 수 있었다. 사천면 석구너래란 동네였다.

남향으로 앉은 그림 같은 그의 집은 공중에 매달린 것처럼 위태로웠다. 산사태가 나면서 집 밑을 휩쓸고 지나가는 바람에 집의 반 이상이 공중에 떠 있어서 금방 와르르 무너질 것만 같아 불안했다.

K는 가옥 내부를 대충 정리하고 면소재지로 나가는 길목의 목재소 부근에 임시 거처를 마련하였다.

이듬해 봄에 밭에다 옥수수와 고구마를 심기로 하고 우리 부부의 지원을 요청하여 합세하기로 하였다. 넓은 밭을 정리해 나갔다. 밭 주위에 멋대로 자란 나무들을 정리하고, 돌을 주워내고 성토를 하고 배수로도 만들면서 밭을 대충 정리했다. 거칠었던 밭이 얼굴을 손질한 아가씨의 얼굴처럼 곱게 분장을 하게 되었다.

옥수수와 고구마를 심었다. 옥수수의 새잎이 돋아날 때마다 고라니들이 잘라 먹어서 옥수수농사는 애초부터 기대를 접었다. 고구마농사도 신통치 않아 허드레고구마처럼 상품가치도 없고 수량도 적었다.

구황식품인 고구마는 감자와 함께 옛날 보릿고개를 넘게 해 주었던 고마운 식품이다.

우리 가족은 동해안 삼척 정라진이라는 어촌에 살고 있었다. 여름 오징어 철이 돌아오면 한산하던 어항은 사람들의 고함소리가 터지고 모두가 제철을 만난 듯 부산하게 움직였다. 주민들은 낮과 밤을 가리지 않고 오징어 건조에 매달렸다. 돈이 돌고 작은 어항은 활기를 찾아 분주하였다.

이때쯤이면 아랫대(호남지방지칭)에서 올라온 고구마가 시장에 퍼진다. 아이들은 이때를 기다린다. 주식이던 감자 맛 보다는 고구마 맛은 꿀맛이었다. 고구마는 구워서 먹는 맛도 있지만 쌀밥에 섞어서 먹는 고구마 맛은 꿀맛이어서 생일상을 받은 것처럼 아이들은 좋아했다. 하여서 아이들은 매년 오징어 철이 돌아오기를 기다린다.

지금도 고구마를 즐긴다. 특히 배변이 신통치 않을 때 우유와 함께 저녁 끼니를 때우면 다음 날은 영락없이 변이 시원하게 쏟아진다.

미국공익과학센터에서 발표한 내용에는 고구마를 껍질째 먹으면 각 종 암을 예방하여 주고 위염에도 효과가 크다고 한다. 고구마는 원래 중남미에서 생산되어 세계 곳곳으로 퍼져나가게 된 것이다.

요즈음도 우리 집에서는 가끔 고구마로 끼니를 때울 때가 있다. 감자는 비교적 흰 피부에 동글동글하게 생겼지만 고구마는 적색

피부에 길고, 뭉퉁하고, 울퉁불퉁하게 제멋대로 생겼다.

K수필가가 15년 전에 고구마를 함께 심고 결실이 신통치 않아서 그것이 마음에 걸렸던 모양이다. K수필가의 정성이 고맙고, 여태 그 일을 잊지 않고 큰 상자에 실한 고구마를 보냈으니 고마울 수밖에. 양이 많아서 이웃과 나누어 먹었다.

이제 고구마는 식용으로 뿐만 아니라 요리와 제과 류 등 그 쓰임새가 다양해졌다. 중남미의원주민들 손에서 굴러 나온 고구마가 오랜 세월 인류에게 끼친 영향이 대단히 넓다.

사람이던 식품이던 다른 사람으로부터 필요하고 환영받는 대상이 된다는 것은 쉬운 일이 아니다.

15년 전 루 사 태풍 때 신통치 않았던 고구마농사를 잊지 않고 온정을 담뿍 담아 보낸 K수필가의 따뜻한 마음씨에 고마움을 전한다.

세상을 산다는 것, 작은 행복, 기쁨을 누릴 수 있다는 것도 사소한 온정의 주고받음이다. 그러한 작은 일들이 세상을 부드럽고 따뜻한 끈으로 이어주는 매개체가 되는 것이다.

온실가스의 재앙

금년 여름에는 예상 외로 폭염주의보가 자주 발령되어 노약자의 외출을 삼가 해 달라는 요청이 이어졌다.

찜통더위가 35도 이상의 기승을 부리면서 숨을 헐떡이게 하고 비가 내리지 않아 가뭄이 계속되어 농작물이 타죽고 가축이 떼 주검을 하고 있다. 이미 온열병으로 48명이 사망했다고 전한다.

산업혁명 이후 세계평균기온이 1도 상승한 것만으로도 열대야가 계속되고 있다. 금세기 말에는 3도 이상이 상승할 것으로 예상하고 있다.

1988년 유엔환경계획과 세계 기상 기구가 기후변화에 대처하기 위해 설립했다. 195개국이 가입했다. 2015년 파리협약은 기온 상승치를 산업혁명 이후 2도 미만으로 억제하는 걸 목표로 삼았다. 파리협약에서 개도국까지 참여시켰으나 다만 각국의 약속이 다 이행돼도 기온이 2.7도 올라간다는 분석이 나와 있다. 우리 정부는 2030년 국가온실가스 감축 목표달성을 위한 기온 로드맵 수정안과 제2차 계획기간 국가배출권 할당계획 2단계 계획을 최종 확정했다.

기본수정안은 지난 2015년 발표한 국가온실가스 감축목표 3억 1480만 톤을 유지하면서 감축부족량의 25.9%를 2천년 국내감축 분량을 32.5%로 상향조정하는 내용을 담고 있다. 이에 따라 국내에서는 기존계획보다 5760만 톤(2억1890만 톤~2억 7650만 톤)을 줄여야 한다. 국가의 정책사항도 어려움이 많지만 가정에서도 전기, 수도, 도시가스의 사용을 줄이고 쓰레기도 최소화하여야 한다. 탄소를 줄이려면 각 국가, 사회, 가정에서 노력을 계속하여야만 목표달성에 접근할 수 있을 것이다.

지금 전 세계의 폭염은 인간이 배출해온 이산화탄소 탓일 것이다. 화학연료를 태우면 두 가지 경로로 지구가 데워진다. 화학적 연소과정에서 열이 나온다. 사람도 그 열에너지로 자동차도 굴리고 발전소도 돌린다. 활용된 에너지는 결국 폐열로 흩어져 지구를 덥히게 된다.

또 하나의 경로는 이산화탄소의 온난화다. 화석연료를 태울 때 배출된 탄소는 지구로부터 반사되는 적외선을 붙잡아두는 방법으로 지구기온을 끌어올린다. 배출된 탄소는 시간이 지나면 차츰 바다로 녹아들어가 없어진다. 그러나 일부는 천 년, 길게는 수 만년까지 대기 중에 머물면서 계속 온난화 작용을 한다.

난로에 석탄을 넣고 불을 붙인다고 해보자. 난로 열은 석탄이 타는 동안만 발생하지만 석탄연소과정에서 나온 탄소의 온난화 효과는 최장 수 만년 지속된다고 한다.

지구를 불덩이로 만들고 있는 탄소 가운데에는 100년 전, 200년 전에 태운 석탄에서 나온 것도 포함되어 있다. 현세계가 배출하는 탄소는 수 천 년 뒤 후손들까지 영향을 미치게 된다.

포르투갈이 섭씨 47도까지 올라갔다고 한다. 기후는 평형이 조금만 흔들리기만 해도 큰 충격을 줄 수 있다. 해수면이 10m상승하면 인구의 10%가 움직여야 한다. 지금 시리아 같은 작은 나라의 난민도 유럽 전역이 해결방법을 찾지 못하고 있다.

중동과 북아프리카는 가뭄과 흉작에 사회불안의 도미노현상이 일어나지 않을까 걱정한다. 40도가 넘는 폭염이 쏟아지는 한반도의 기후변화는 매년 올라가는 추세다. 지구에 도착하는 태양복사에너지 중 일부는 대기가 잡아주어 지구온도를 우리가 살기 좋은 알맞은 상태로 유지해주지만 이산화탄소 비중이 지나치게 많아지면서 복사열이 온실가스에 갇혀 지구온도가 올라가고 있다. 이것을 지구온난화라고 말하고 있다. 지구온난화가 계속되면 낮 최고기온이 33도를 넘는 폭염일수가 50일까지 늘어난다고 한다. 한반도 바다는 2010년 이후 7월 평균수온이 한 해 0.34도씩 높아지고 있다. 이러한 형상은 매년 북쪽으로 올라가고 더워진 바다는 열을 품고 있어 폭염을 오래 지속시키는 악순환을 일으키고 있다.

극지방에서 녹은 얼음물이 더 늘어 많은 열을 품게 되고 이로 인해 지구 전체의 열 순환에 교란이 오고 있다. 한반도는 2050년 경이면 아열대기후가 예상돼 수온이 오르면서 명태, 꽁치 등의 생존이 위협받게 된다. 2050년 한반도는 뜨거운 여름이 5월부터 9월까지 이어지는데다 아열대기후로 인해 농작물재배도 달라지 게 된다. 밤 기온이 25도 이상 되는 열대야 일수도 30일이나 길어진다고 한다. 폭염 때문에 사망자 수도 250여명 정도로 늘어난다고 한다. 아열대기후에서는 사과나 복숭아재배가 어려워지고 감귤이나 단감생산이 늘어난다고 한다.

지구온난화는 남극과 북극의 얼음이 녹아서 불어난 물이 기존보다 더 많은 열을 품게 된다. 이러한 수온은 연쇄반응을 일으켜 지구와 바다 전체의 열 순환 시스템을 뒤흔들어 결과적으로 지구의 열기를 분산해주는 제트기류에도 영향을 미치고 이것이 극한 기후의 원인이 되는 것이다.

결과적으로 기온상승의 요인을 억제하기 위하여 세계 각국이 노력해야 하고 국가, 사회, 가정이 일체가 되어 온실가스의 원인을 줄여간다면 희망을 걸 수도 있지 않을까.

금년에는 우리나라뿐만 아니라 포르투갈이 47도 폭염이 발생하고 호주의 최악가뭄으로 뉴사우스웨일주에서는 농산물이 타버리고 양떼가 먹이와 폭염 때문에 떼죽음을 당하였다고 한다. 우림지역이 파괴되고 대형 산불이 발생하는 것도 막아야 한다.

일산화탄소의 배출억제와 온실화 상승을 최대한 줄이는 방법 외에는 게릴라식으로 요동치는 지구의 기후를 막아낼 방법이 없다, 우리 모두가 하나 뿐인 지구를 우리 손으로 지켜나가야 할 운명에 처해 있는 것이다.

수필문학사 수필선집 / 440

박종철 수필집

마음의 울림

2018년 10월 1일 초판 발행
2018년 10월 1일 초판 발행

지은이 / 박종철
발행인 / 강석호

발행처 / 도서출판 교음사
편 집 / 隨筆文學社 出版部

03147 서울 종로구 삼일대로 457 수운회관 1308호
Tel (02) 737-7081, 739-7879(Fax)
e-mail : gyoeum@daum.net

등록 / 제300-2007-52호

* 잘못된 책은 바꿔 드립니다. 값 12,000원

ISBN 978-89-7814-737-8 03810

이 도서의 국립중앙도서관 출판예정도서목록(CIP)은 서지정보유통지원시스템 홈페이지
(http://seoji.nl.go.kr)와 국가자료공동목록시스템(http://www.nl.go.kr/kolisnet)에서
이용하실 수 있습니다. (CIP제어번호 : CIP2018031471)